홀로 사는 나무

묘원

행복한 숲

머 리 글

깨달음을 얻은 성자의 가르침은 다음과 같습니다. "자신을 섬으로 하고, 자신을 귀의처로 하며, 남을 귀의처로 삼지 마라. 법을 섬으로 하고, 법을 귀의처로 하며, 다른 것을 귀의처로 삼아 지내지 마라." 이상의 가르침이 괴로움을 해결하는 유일한 길입니다.

섬과 귀의처는 자기 몸과 마음입니다. 몸과 마음을 알아차리면 계율을 지켜 보호를 받습니다. 법을 귀의처로 삼는 것은 몸과 마음을 알아차리는 수행입니다. 몸과 마음을 알아차리면 감각기관의 문을 지켜 탐욕과 성냄과 어리석음이라는 도둑이 들어오지 못합니다. 몸과 마음을 가지고 살면서 생긴 문제는 밖에서 답을 구할 수 없습니다.

모든 것이 변하므로 영원한 것은 없습니다. 자신의 몸과 마음을 알아차리면 마음이 고요하여 존재의 성품을 아는 지혜가 납니다. 이때 생긴 무상, 고, 무아의 지혜가 모든 집착을 끊어 자유를 얻습니다. 인간은 자기 몸과 마음을 있는 그대로 알아차린 적이 없습니다. 태어나서 모든 관심이 밖에 있지 몸과 마음은 아닙니다. 하지만 오랜 습관에 젖어 몸과 마음을 알아차리는 일은 매우 어렵습니다. 그래서 고통이 생활이 되어 방황합니다.

저는 요즈음 숲길을 자주 걷습니다. 어느 날 어둠이 내린 숲에서 나무가 하나의 생명으로 보였습니다. 그리고 내가 숲에 있는 한그루의 나무가 되어 서 있었습니다. 이때 나무에게 얻은 교훈은 한그루의 나무로 사는 지혜입니다. 나무는 불필요한 일에 휘둘리지 않고 자기에게 주어진 삶을 삽니다.

저는 스승의 가르침을 실천하기 어려울 때 나무를 생각합니다. 나무는 남과 비교하지 않습니다. 나무는 남을 시샘하지 않습니다. 나무는 자기 삶을 살면서 어떤 환경에도 적응합니다. 그리고 모든 것을 베풉니다. 새들에게도 곤충에게도 기꺼이 몸과 마음을 내어줍니다. 나무는 반항하지 않습니다. 바람이 불면 그대로 흔들립니다.

인간은 나무처럼 한자리에 서 있지 않습니다. 하지만 어디에서 무엇을 하거나 자기 몸과 마음을 귀의처로 삼으면 나무처럼 삽니다. 인간으로 태어나서 방황을 해도 결국 자기 몸과 마음으로 돌아와야 합니다. 나무가 될 때 모든 번뇌가 소멸합니다. 이렇게 가야 내게 주어진 사명을 다합니다. 오늘도 혼자 태어나서 혼자 살다가 혼자 죽는 나무가 되어 삽니다.

묘원 합장

옹달샘 01

모르는 마음과 아는 마음

몰라서 잘못한 사람은 몰라서 시인하지 않는다.
몰라서 잘못한 사람은 몰라서 사과하지 않는다.
알아서 잘못하지 않은 사람은 있는 그대로 말한다.
아는 사람은 자기가 잘한 일도 드러내서 과시하지 않는다.
모르는 것과 아는 것의 차이는 어리석음과 지혜의 차이다.

1. 나는 외롭게 홀로 사는 나무다

숲속을 걷다 나를 따라오는 기척이 있어 돌아보니 나뭇잎을 스치는 바람소리다. 앞에 나를 부르는 모습이 있어서 살펴보니 소슬바람에 나뭇잎이 팔랑거리는 손짓이다. 누군가가 나와 함께 가는 소리가 있어서 귀를 기울이니 내가 낙엽을 밟는 바스락거리는 소리다.

정적 속에서도 숲이 소리를 내며 나와 함께 있다. 정적을 깨는 것이 조심스러워 잠시 걸음을 멈추고 서니 나는 숲속의 한그루 나무다. 해가 져 새들도 울음을 그친 어둠이 내린 숲에서 나는 나무가 되어 서있다.

나는 나무다. 나는 내 자리에 서서 한그루의 나무로 산다. 나는 바람이 불면 흔들린다. 나는 해와 달과 별과 바람을 벗으로 삼고 산다. 나는 외롭게 홀로 사는 나무다.

2. 생각나는 사람

생각나는 사람이 있어서 보니 왜 생각나는지 알겠다. 내가 좋아서 생각했는데 나와 소통이 되기 때문이다. 나와 소통이 되는 사람은 내 마음을 편안하게 해준다. 서로 통하면 같은 것을 공유할 수 있어 특별하게 경계하지 않아도 된다.

내가 마음을 열고 싶을 때 주저 없이 마음을 열 수 있는 사람은 나를 편안하게 해 주는 사람이다. 상대가 편안하게 느껴져야 상대를 좋아한다. 상대가 불편하면 좋아할 수 없다. 내가 편안한 상대라고 해서 일방적인 관계가 아니다.

소통이 되면 문제가 있을 때 마음이 상하지 않게 서로 적절한 도움을 주고받을 수 있다. 내 마음이 편해야 남의 마음도 편하게 해준다. 마음은 같은 파장의 마음으로 흐른다.

3. 모르는 마음과 아는 마음

몰라서 잘못한 사람은 몰라서 시인하지 않는다. 몰라서 잘못한 사람은 몰라서 사과하지 않는다. 알아서 잘못하지 않은 사람은 있는 그대로 말한다. 아는 사람은 자기가 잘한 일도 드러내서 과시하지 않는다. 모르는 것과 아는 것의 차이는 어리석음과 지혜의 차이다.

어리석으면 하는 일이 시작도 나쁘고 끝도 나쁘다. 지혜가 있으면 시작도 좋고 끝도 좋다. 어리석어도 지혜가 나서 자아가 소멸하면 시작은 나빠도 끝이 좋다. 지혜가 있어도 어리석어서 자아가 생기면 시작은 좋아도 끝이 나쁘다.

어리석다고 계속 어리석은 것이 아니다. 지혜가 있다고 계속 지혜가 있는 것이 아니다. 대상을 있는 그대로 알아차리면 어리석음이 지혜로 바뀐다.

4. 성취와 번뇌

고생해서 성취하면 고생한 만큼 집착한다. 내가 고생했다고 생각하면 결과에 대한 보상심리가 커져 욕망이 생긴다. 원하는 것을 성취해도 항상 만족할 수 없다. 욕망은 만족할 줄 모르는 속성이 있기 때문이다.

얻어도 만족은 잠시고 바란 만큼 박탈감을 느낄 수 있다. 이것이 바라는 마음이 있어서 생기는 현상이다. 원하는 것을 얻어도 담담할 때는 얻어도 만족할 수 없는 아쉬움이 있다. 이때의 담담함은 평온한 마음이 아니고 섭섭한 마음이다.

성취했다고 모든 것이 끝나지 않는다. 성취하면 그간 가려져 있던 것이 나타나 새로운 번뇌가 시작된다. 무엇이나 노력하는 것에서 즐거움을 느껴야 한다. 욕망을 가지고 노력하면 얻고도 잃는다.

5. 오고 감

오는 것은 오도록 두고, 가는 것은 가도록 두어야 한다. 오고 가는 것을 막는 것이 집착이다. 오고 가는 것은 일어나고 사라지는 무상이다. 일어나고 사라지는 것은 질서라서 내가 어떻게 할 수 없다.

어떻게 할 수 없는 것을 자기 뜻대로 하려는 것이 어리석음이다. 좋지 않은 것을 막을 때 좋은 것이 섞일 수 있다. 올 수밖에 없고 갈 수밖에 없는 현상을 있는 그대로 알아차리면 지혜가 나 선악을 구별한다.

불선심은 일어나지 않도록 하고 선심은 일어나도록 해야 하지만 누구나 습관으로 살고 있어서 실천하기 어렵다. 대상에 개입하지 않고 오고 가는 것을 있는 그대로 알아차려서 무상, 고, 무아의 지혜가 나면 걸림이 없는 자유를 얻는다.

6. 우물

나를 치유하는 우물을 만나고 물을 마시는 것은 자기 업이다. 선업의 공덕이 없으면 우물가에 오지 못한다. 선업의 공덕이 있어서 우물가에 와도 공덕이 부족하면 물을 마시지 않는다. 선업의 공덕이 없으면 불선업이 많아 어리석다.

어리석으면 우물을 만나기도 어렵고 만나도 물을 마시지 않는다. 지혜가 있어야 우물을 찾을 수 있고 와서 물을 마신다. 지혜가 없으면 우물을 찾지 못하고 발견해도 그냥 지나친다.

갈증이 나지 않으면 우물을 찾지 않는다. 갈증은 괴로움이다. 괴로움이 없으면 괴로움의 소멸에 이르는 길을 찾지 않는다. 괴로움은 오직 지혜로써 소멸시킬 수 있다. 수행을 해서 통찰지혜를 얻는 일보다 더 우선하는 일은 없다.

7. 감당하기 힘든 괴로움

감당하기 힘든 괴로움은 출구가 없다. 숨이 막히고 몸을 가눌 수 없어 참혹하기 그지없어도 나를 도와주는 사람은 없다. 나의 잘못이건 남의 잘못이건 괴로움은 원인이 있다. 하지만 괴로움이 시작되면 원인을 따질 겨를도 없이 혼란에 빠진다.

참혹한 괴로움은 덫에 걸린 동물의 고통이다. 이것이 나의 괴로움이라고 여기면 결코 덫에서 빠져나오지 못한다. 이것은 나의 괴로움이 아니며, 단지 원인이 있어서 생긴 결과라고 알 때만 덫에서 빠져나올 수 있다.

대상을 인식하는 마음은 매순간 일어나고 사라져 같은 마음이 아니다. 바로 같은 마음이 아니라서 출구가 있다. 나의 마음가짐에 따라 감당하기 힘든 괴로움도 순간에 소멸할 수 있다.

8. 무아(無我)

나는 명칭이지 실재가 아니다. 내가 있으면 몸과 마음을 나의 것으로 안다. 잘못된 견해로 인해 진실을 알지 못하면 어리석게 산다. 내가 잘났거나 못났다고 할 때도 자아를 가진 것이다.

몸과 마음은 있지만 나의 몸과 마음이 아니다. 나의 몸과 마음이라면 내 마음대로 할 수 있어야 한다. 몸이 아프지 말라고 하면 아프지 않아야 한다. 마음이 아프지 말라고 하면 아프지 않아야 한다. 죽을 때 계속 호흡을 하라고 명령하면 계속 호흡을 해서 죽지 않아야 한다.

마음대로 할 수 있는 자아는 없다. 몸과 마음은 있지만 항상 하지 않고 매순간 변한다. 자아가 있으면 집착을 해서 끝없는 윤회를 한다. 무아면 집착을 하지 않아 윤회가 끝난다.

9. 본심(本心)

숨기는 마음은 있어도 변하지 않는 본래의 마음은 없다. 숨겨진 잠재의식도 때가 되면 변한다. 마음은 대상을 아는 기능을 하며 한순간에 하나의 마음만 있다. 한순간의 마음도 조건에 따라 변하다.

마음은 있지만 내 마음이 아니라 본심은 없다. 선심이 있을 때는 선심만 있지만 한순간이 지나면 불선심으로 바뀐다. 불선심이 있을 때는 불선심만 있지만 한순간이 지나면 선심으로 바뀐다.

선심도 관용, 자애, 지혜가 있어 다르게 일어난다. 불선심도 탐욕, 성냄, 어리석음이 있어 다르게 일어난다. 선심과 불선심만 있지 않다. 과거의 행위로 인해 생긴 과보심이 있다. 업의 결과로 생긴 과보심도 선과보심과 불선과보심이 교차해서 일어난다.

10. 반대

반대하는 이유는 많다. 옳지 못해서 반대한다. 자기에게 손해가 되어서 반대한다. 자기 생각과 달라서 반대한다. 무조건 반대부터 한다. 나와 적대적인 관계라서 반대한다. 사고가 비정상이라서 반대한다. 남이 반대하니까 한다.

누구나 반대할 수 있지만 지혜를 가지고 객관적인 시각으로 하기는 어렵다. 옳지 못하다고 생각하는 것도 단지 자기 기준에서 내린 결론이다. 탐욕과 성냄과 어리석음을 가지고 살면서 생긴 견해가 반드시 옳다고 할 수 없다.

반대하는 숫자가 많아서 옳은 것도 아니다. 적다고 그릇된 것도 아니다. 출세간에서는 무조건 반대부터 하지 않는다. 대상을 있는 그대로 알아차려서 생긴 지혜로 말하거나 때로는 침묵한다.

11. 선악의 세계

어리석어서 탐욕에 눈이 먼다. 탐욕에 눈이 멀어 어리석음이 더 깊어진다. 어리석음과 탐욕은 동질성이 있다. 어리석음이 탐욕을 부추기고, 탐욕이 어리석음을 부추겨 더욱 깊은 악의 수렁에 빠진다.

어리석으면 양심이 없고 수치심이 없고 들뜸이 있다. 탐욕이 있으면 잘못된 견해가 있고 자만에 빠진다. 어리석음과 탐욕은 홀로 있지 않고 여러 가지 마음을 함께 일으켜 필요한 때마다 힘을 키운다.

어리석음은 악의 세계를 지배하는 두목이고 탐욕은 부두목이다. 어리석음과 탐욕 앞에 지혜와 관용은 항상 힘이 미약하다. 몸과 마음을 있는 그대로 알아차리면 어리석을 때 지혜가 생긴다. 탐욕이 있을 때 관대함이 생겨 선한 세계를 연다.

12. 업의 결과

선업과 악업은 항상 교차한다. 과거에 선한 일도 했고 악한 일도 해서 선한 과보도 받고 악한 과보도 받는다. 선한 과보를 받아 지위를 누려도 악한 과보를 받는 때가 오면 화려한 영화는 사라지고 고통의 나락으로 떨어진다.

행복과 불행을 결정하는 것은 자기 마음이다. 하지만 행복과 불행을 결정하는 마음이 우연히 오지 않는다. 선한 과보심이 있어서 행복을 가져오는 선심을 내게 한다. 악한 과보심이 있어서 불행을 가져오는 불선심을 내게 한다.

인간의 마음은 현재의 선심과 불선심만 있지 않다. 과거의 행위가 만든 선한 과보심과 악한 과보심이 작용하여 현재의 마음이 형성된다. 업의 과보를 받는 것은 피할 수 없는 결과다.

13. 배신이 아니다

내가 있으면 배신이 있고 내가 없으면 배신이 없다. 배신할 내가 없으면 배신당할 나도 없다. 배신은 단지 생각을 달리한 것이다. 사람의 생각은 매순간 변한다. 생각이 바뀌면 약속에 대한 의무가 사라지고 굳은 맹세도 지킬 수 없다.

마음은 매순간 조건에 따라 변하므로 같은 마음이 아니다. 마음은 나라는 실체가 없고 순간의 마음만 있다. 그러므로 약속할 나도 없고 맹세를 지킬 나도 없다. 마음이 변하지 않기를 바라는 것은 단지 바람이다.

악한 마음이 선한 마음으로 바뀌는 것은 배신이 아니다. 지켜야할 신념은 지키도록 노력하고 지키지 말아야 거짓은 과감하게 버려야 한다. 진실해서 바뀌는 마음은 배신이 아니고 깨달음이다.

14. 무상(無常)과 항상(恒常)

모든 것은 변하기 때문에 항상 하지 않고 무상하다. 항상 하는 것은 변하지 않아 무상하지 않다. 항상 하는 것은 절대적 실체가 있다. 세상은 변하지 않는 것이 없어 항상 하는 것이 없다. 무상은 변하기 때문에 절대적 실체가 없어 공하다.

항상 하다고 여기면 변하지 않는 절대적 존재가 있다고 믿는다. 항상은 변하지 않고 실체가 있고 영원하므로 초월적 존재가 있는 힌두교 교리다. 항상은 자아가 있고 죽으면 마음이 몸만 바꾸는 환생이다.

무상은 모든 것이 변하고 실체가 없고 영원하지 않아 초월적 존재가 없는 불교 교리다. 무상은 변하기 때문에 괴로움이고 괴로움을 해결하는 내가 없어 무아고 죽으면 새로 태어나는 재생이다.

15. 어리석음이 상식과 만나면

어리석으면 바른 것을 바르지 못한 것으로 알고 바르지 못한 것은 바른 것으로 안다. 어리석으면 검은 것을 희다고 알고 흰 것을 검다고 안다. 몰라서 객관적 진실을 왜곡하면 괴로울 수밖에 없다. 모르는 것보다 더 무섭고 큰 죄악은 없다.

알면 잘못을 인지하여 악한 일을 하지 않는다. 모르면 잘못을 인지하지 못해 서슴없이 악한 일을 한다. 나쁜 사람이 좋은 사람을 나쁘다고 하는 것이 바로 어리석음이다. 어리석음이 상식을 만나면 몰상식이 된다.

어리석음이 정치를 만나면 통치가 된다. 어리석음이 종교를 만나면 맹신이 된다. 어리석음이 사랑을 만나면 향락이 된다. 어리석어서 균형을 몰라 넘치거나 부족한 것이 모든 화의 근원이다.

16. 부주의

모든 부주의한 행동은 마음과 직결된다. 주의를 기울여서 행동할 때 조심을 해도 실수를 한다. 조심을 해도 실수를 하면 화가 난다. 이때 화를 낼 것이 아니고 법을 알아차려야 한다.

집중하려면 마음을 대상에 기울여야 한다. 하지만 집중하려는 순간 마음이 다른 생각을 해서 집중하기가 어렵다. 짧은 순간에 마음이 달아나면 집중력이 흐트러져 실수를 한다. 그러므로 부주의한 행동이 일어났을 때 마음이 빠르게 움직이고 있는 현상을 법으로 알아차려야 한다.

이 법이 무상이고 내 마음대로 되지 않아 무아다. 또 잘하려는 마음이 탐욕이라서 몸이 긴장하면 실수를 한다. 이때 짧은 순간에 일어난 탐욕과 성냄을 법으로 알아차려야 한다.

17. 철

철없는 어린아이로 태어나서 나이가 들면 철이 든다고 여
긴다. 어른이 된다고 반드시 사리를 분별할 줄 아는 철이
드는 것은 아니다. 어른이 되면 오히려 욕망이 커진다. 자
아가 없는 어린아이가 어른이 되면 자아가 생겨 이기적으
로 바뀐다.

어른이 되어서 철이 드는 것이 아니고 어린이보다 못한
위험한 사람이 될 수 있다. 나이와 철이 드는 것은 다르
다. 자기 성찰이 없으면 순수한 어린이로 태어나서 순수
하지 못한 욕망을 가진 사람으로 바뀔 수 있다.

성인이 되어도 어린이에게서 순수함을 배워야 한다. 어른
이 되어도 어린이보다 못한 사람은 좋은 것을 만족할 줄
몰라 위험하다. 또 싫은 것을 제어할 줄 몰라 위험에 노출
되어 있다.

18. 삼시세끼

한동안 혼자 삼시세끼를 해결하다보니 하루 종일 먹는 것에 매달린다. 음식을 만들고 먹고 설거지하는 시간이 많이 걸린다. 먹는 것이 기다려지기도 하지만 게을러지면 먹지 않고 살았으면 좋겠다는 생각도 든다.

하지만 살기 위해서는 먹어야 한다. 그리고 먹는 것을 위해 일해야 한다. 먹기 위해서 일하는 것이 정치고 예술로 승화되고 과학의 발전이다. 먹지 않으면 일하지 않아 인류가 발전하지 못한다.

먹는 것에는 일정한 규범이 있다. 먹는 것이 욕망이면 폭력과 전쟁이 일어난다. 계율로 먹으면 번뇌가 소멸하여 깨달음에 이른다. 욕망으로 먹으면 범부고 필요해서 먹으면 성자다. 범부는 먹기 위해서 살고 성자는 살기 위해서 먹는다.

19. 사랑과 이해

사랑받기를 원하십니까? 그러면 남을 사랑하십시오. 남을 사랑하지 않으면 나를 사랑하지 않습니다. 사랑은 내가 노력해서 얻는 것입니다. 내가 선한 마음을 가지고 행동할 때 사랑을 받습니다. 내가 악한 마음을 가지고 행동하면 나를 미워합니다. 사랑은 내가 만들지 남이 만들지 않습니다.

이해받기를 원하십니까? 그러면 남을 이해하십시오. 남을 이해하지 않으면 나를 이해하지 않습니다. 이해는 내가 노력해서 얻는 것입니다. 내가 선한 마음을 가지고 행동할 때 나를 이해합니다.

내가 악한 마음을 가지고 행동하면 나를 미워합니다. 이해는 내가 만들지 남이 만들지 않습니다. 사랑은 언 땅을 녹이고 이해는 새싹이 돋아나게 합니다.

20. 기억과 망각

기억은 생존이고 망각은 축복이다. 마음은 대상을 인식하고 기억한다. 기억을 해야 정상적인 삶을 살 수 있다. 기억하지 못하면 생존의 의미를 모르는 장애자다. 하지만 모든 것을 기억할 수는 없다.

때로는 바른 생존을 위해 망각이 필요하다. 기억만 있고 망각이 없으면 정화가 되지 않아 마음이 분열한다. 잊어야 할 것은 잊는 것이 축복이다. 잊을 수 없는 일을 기억하여 원한을 갖거나 자신을 학대해서는 안 된다.

망각해서 생긴 빈 마음자리에 청정한 마음을 채워야 괴로움 없이 행복하게 살 수 있다. 망각이 마음을 맑고 깨끗하게 한다. 바른 생존을 위해 필요한 것은 기억해서 계승해야 하지만 불필요한 것은 망각하는 것이 축복이다.

21. 감각적 욕망

감각적 욕망은 모든 화의 근원이다. 여섯 가지 감각기관을 통해서 일어나는 욕망은 본능과 직결되어 있어 없애기 어렵다. 욕망은 어리석음 때문에 생기고 어리석음은 자아 때문에 생긴다.

욕망을 없애려면 욕망으로 인해서 생긴 괴로움을 뼈저리게 느껴야 한다. 괴로움에 넌더리가 나지 않고서는 똑같은 행위를 되풀이한다. 욕망으로 인해 고통을 겪으면서도 어쩔 수 없이 반복하는 것이 욕망의 실체다.

지금까지 욕망을 가지고 살면서 온갖 성취감을 느꼈기 때문에 욕망은 생존 그 자체라서 떨쳐버리기 어렵다. 오직 괴로움을 있는 그대로 알아차려야 욕망에서 벗어날 수 있다. 괴로움은 나를 괴롭히려고 있지 않고 진실을 알리기 위해 있다.

22. 정의

정의가 아니라고 화를 내지 마십시오. 나와 남의 정의에 대한 기준은 다릅니다. 내 마음대로 되지 않는다고 괴로워하지 마십시오. 자기 뜻대로 되지 않는다고 화를 내는 것이 바로 정의가 아닙니다. 정의라는 이름으로 자기 성향을 집착해서는 안 됩니다.

저마다 내가 정의라고 할 때는 나름대로의 이유가 있습니다. 세속의 정의는 내가 옳다고 주장하기 때문에 투쟁을 합니다. 이런 다툼으로는 결코 완전한 정의를 이루지 못합니다. 출세간의 정의는 모든 것을 있는 그대로 알아차려서 옳고 그름을 따지지 않습니다.

투쟁이 아닌 고요함에서 대상의 객관적 진실을 발견합니다. 사회의 정의를 이루려면 먼저 나의 정의가 확립되어야 합니다.

23. 지식과 지혜

지식으로는 지혜의 경지를 알지 못한다. 지식은 현상을 관념으로 보고 지혜는 현상의 실재를 본다. 지식은 내가 있지만 지혜는 내가 없다. 내가 있어 속박이 있고 내가 없어 자유가 있다.

지식이 지혜가 되려면 몸과 마음을 있는 그대로 알아차려서 통찰지혜가 나야 한다. 수행을 해서 연기의 지혜가 난 뒤 무상, 고, 무아의 지혜가 나야 눈 밝은 세상을 만난다. 관념적인 생각으로는 진실을 알 수 없어 어리석음에서 벗어나지 못한다.

실재를 아는 알아차림이란 배를 타지 않으면 결코 피안에 이르지 못한다. 지식은 괴로움을 없애려고 하여 영원히 괴로움에서 벗어나지 못한다. 지혜는 괴로움이 있다고 알아차려서 홀연히 괴로움에서 벗어난다.

24. 바라는 마음

바라는 마음으로 인해 괴로움을 겪으면서도 또 바라는 마음을 갖는다. 지금까지 바라는 마음을 영양으로 삼아서 이것이 아닌 다른 길을 알지 못해 계속 괴롭게 산다. 바라는 마음에서 벗어날 수 있는 길은 먼저 바라는 마음이 괴로움을 가져왔다는 진실을 아는 것이다.

바라는 마음이 사소해도 집착하기 마련이라 괴로움에서 벗어나지 못한다. 내가 바라는 것은 단지 나의 생각이다. 모든 일은 내 생각대로 되지 않는다. 내 생각은 늘 기대에 부풀어 있고 세상은 늘 냉혹하다.

내 생각은 늘 자기중심이고 세상은 늘 세상의 질서로 움직인다. 바라는 마음으로 괴로울 때는 바라는 마음을 알아차린 뒤에 가슴에서 느낌과 호흡을 알아차려야 한다.

25. 내가 아는 사람

내가 상대를 안다고 해서 전부 아는 것이 아니다. 상대를 좋은 사람이나 나쁜 사람으로 보는 것은 자기 기준이다. 좋은 관계로 만나면 좋은 인상을 갖고 나쁜 관계로 만나면 나쁜 인상을 갖는다.

사람의 마음은 비밀이고 지혜도 비밀이다. 누구나 선한 마음과 선하지 못한 마음을 가지고 상황에 따라 변한다. 마음은 매순간 변하므로 어느 순간의 마음을 나의 마음이라고 할 수 없다. 변하는 마음은 무상하고 괴로움이며 내 마음대로 할 수 없어 무아다.

이런 마음에는 나도 없고 상대도 없다. 조건에 따라 일어나고 사라지는 마음은 누구의 마음도 아니고 그냥 마음이다. 내가 상대의 행위를 보고 실망했다면 상대의 허상을 보고 실망한 것이다.

26. 원하는 대로

내가 원하는 대로 되지 않는다고 화를 내지 마십시오. 원하는 대로 되지 않았을 때 더 좋은 결과를 얻을 수 있습니다. 자기가 바라는 대로 되지 않아서 화가 날 때 집착을 끊을 수 있는 기회입니다.

대상에 혐오를 느낄 때 좋아하는 것은 물론 싫어하는 것까지 집착을 끊을 수 있습니다. 집착이 끊어지면 어리석음이 지혜로 바뀝니다. 내 마음대로 되면 탐욕이 커지고 교만해집니다. 원하는 것이 이기적 욕망이면 안 되는 것이 좋습니다.

내 마음대로 되지 않아서 자기 분수를 알면 겸손해집니다. 자기 뜻대로 되지 않았을 때 괴로움의 진리와 무아의 진리를 발견합니다. 자기 뜻대로 되지 않았을 때 현상이 가진 진실을 알 수 있습니다.

27. 남과 나

남이 잘못되기를 바라는 것은 악한 마음입니다. 남이 잘되기를 바라는 것은 선한 마음입니다. 남이 잘못되기를 바라면 악한 의도가 일어나 분노에 휩싸입니다. 남이 잘되기를 바라면 관대함이 일어나 평화롭습니다.

남이 잘못되기를 바라면 잘못되는 것은 남이 아니고 바로 자신입니다. 남이 잘되기를 바라면 잘되는 것은 남이 아니고 바로 자신입니다. 남을 생각하는 마음이 일어나면 영향을 받는 것은 자신의 마음입니다.

남에 대한 잘못된 생각이 나의 것이 되게 해서는 안 됩니다. 남의 잘못을 내가 끌어안는 것은 어리석은 일입니다. 남을 비난하는 일로 자신을 더럽히지 말아야 합니다. 남이 잘되기를 바라면 남도 잘되고 나도 잘됩니다.

28. 바른 가르침

경전을 읽었다고 붓다의 가르침을 모두 아는 것이 아니다. 바른 가르침을 들었다고 해서 가르침을 실천하는 것도 아니다. 가르침을 이해하는 수준만큼 받아들이는 결과도 다르다.

진리는 항상 자기 몸과 마음에 있지만 어리석음이 눈을 가려 알지 못한다. 그러나 바른 가르침을 듣지 않고서는 지혜의 눈을 뜨지 못한다. 바른 가르침은 지금까지 가보지 않는 길이라서 스승의 안내 없이는 이해하기 어렵다.

가르침을 듣고 또 들으면서 조금씩 이해의 지평을 넓혀야 한다. 가르침을 듣는 것으로 끝나서는 안 된다. 가르침을 실천에 옮기는 수행을 해야 한다. 가르침이 지식에 머물면 생각에 그친다. 수행을 해야 바른 가르침의 지혜가 완성된다.

29. 유신견(有身見)

어리석음 중에서 가장 큰 어리석음은 내 몸과 마음이라는 유신견이다. 내가 있고 없고는 지혜라 알기 어렵다. 하지만 유신견이 어리석음이라는 것은 알기 쉽다. 유신견이 강하면 상대를 존중하지 않는다.

매사에 나를 우선으로 하면 남과 부딪쳐 스스로 화를 부른다. 자기 마음대로 되지 않아 화를 내면 먼저 자기 몸과 마음이 불탄다. 몰라서 화를 내는 것이 어리석음이다. 자아가 강하면 알려고 하지 않고 자기주장만 펴서 어리석음을 키운다.

나만 자존심이 있는 것이 아니다. 남에게도 자존심이 있다. 내가 자존심을 내세우지 않으면 남도 자존심을 내세우지 않는다. 내가 유신견이 없으면 남이 이기적인 행동을 해도 그물에 걸리지 않는다.

30. 바르지 못한 말

세상은 바르지 못한 말을 하는 사람으로 인해 혼란하다. 바르지 못한 말은 거짓말, 비방, 거친 말, 경솔한 말이다. 어리석으면 자기가 한 말의 위험을 모르고 잘못된 말을 되풀이한다. 바르지 못한 말을 즐기면 잠재성향이 더욱 커져 천박한 인생을 산다.

바르지 못한 말은 과거의 원인으로부터 내려온 현재의 결과다. 한번 시작된 거짓은 자기도 어쩌지 못해 계속한다. 잘못된 말이 습관이 되면 잘못도 바른 것처럼 여겨 자기도 속는다. 바르지 못한 말을 하는 자는 악업의 과보를 받아 비난과 질병에 시달린다.

말할 때는 지금 무슨 마음으로 말하는지 알아차려야 한다. 말의 의도를 알아차리면 나쁜 의도는 사라지고 진실한 의도가 일어난다.

31. 무아(無我)의 진실

궁극의 깨달음은 무아를 발견하는 것으로 완성된다. 자아가 있을 때는 집착을 끊지 못한다. 무아를 알 때만 집착을 끊어 번뇌가 소멸한다. 무아를 알기 어려운 것은 나의 시각으로 보기 때문이다.

내가 대상을 본다고 할 때는 내가 있어 무아의 진실을 알수 없다. 자기 몸과 마음을 있는 그대로 알아차릴 때만이 내가 없어 무아의 진실을 안다. 밖에 있는 대상을 볼 때는 항상 내가 본다는 것이 전제된 상태라서 무아의 진실을 알 수 없다.

정법을 알려면 반드시 정법을 알 수 있는 방법을 사용해야 한다. 몸과 마음은 있지만 내가 소유하거나 내 마음대로 할 수 없다. 몸과 마음을 가지고 살면서 생긴 모든 문제는 오직 몸과 마음에 답이 있다.

옹 달 샘 **02**

32. 선한 마음의 고양

악한 마음을 알아차리면 선한 마음이 된다. 악한 마음은 탐욕, 성냄, 어리석음이다. 선한 마음은 관용, 자애, 지혜다. 악한 마음을 알아차리면 즉각 선한 마음이 되지 않는다. 악한 마음을 알아차리면 악한 마음 없음이 된다. 다시 악한 마음 없음을 알아차려야 선한 마음이 된다.

탐욕을 알아차리면 탐욕 없음이 된다. 다시 탐욕 없음을 알아차려야 관용이 된다. 성냄을 알아차리면 성냄 없음이 된다. 다시 성냄 없음을 알아차려야 자애가 된다. 어리석음을 알아차리면 어리석음 없음이 된다. 다시 어리석음 없음을 알아차려야 지혜가 된다.

마음은 있는 그대로 알아차릴 때만 고양된다. 선한 마음을 완성하려면 보시, 지계, 수행을 해야 한다.

33. 성자의 가르침

성자의 가르침은 받아들이는 자에 따라 지식이 될 수 있고 지혜가 될 수 있다. 성자의 가르침은 지혜에서 나온 말이지만 처음 받아들이는 자는 지식으로 받아들인다. 지식은 관념이지만 지혜는 실재다.

지식은 생각으로 알아서 가르침을 실천하지 못한다. 지혜는 실재를 알아서 가르침대로 실천한다. 지식이 지혜가 되도록 하기 위해서는 대상을 있는 그대로 알아차려야 한다. 모든 현상은 겉으로 드러난 내용과 현상이 가지고 있는 실재가 다르다.

지식으로 알면 어리석음과 감각적 욕망을 끊지 못한다. 있는 그대로 알아차릴 때 대상의 진실을 알아 어리석음이 지혜로 바뀐다. 지혜가 나야 감각적 욕망이 관용으로 바뀌어 악한 행위를 끊는다.

34. 남의 말

남의 말을 믿는가? 남의 말은 단지 그의 말이다. 그의 말은 그의 견해다. 그의 견해는 그의 축적된 성향이다. 축적된 성향은 오랫동안 유지해온 고정관념이라서 객관성이 없다.

남의 말을 믿지 말아야 하는가? 남의 말을 믿지 않아서도 안 된다. 남의 말을 모두 부정하면 매사를 불신한다. 남의 말을 믿을 것도 없고 불신할 것도 없다. 남의 말을 그냥 있는 그대로 들어야 한다. 있는 그대로 들을 때 긍정과 부정을 떠난 하나의 말만 있다.

남의 말에 개입하지 않고 대상으로 알아차려서 마음이 고요해져야 말의 진실을 알 수 있다. 말하는 자아가 있어서 말하는 것이 아니다. 순간의 마음이 의도가 있어서 말한다. 의도는 매순간 변한다.

35. 단죄

나의 정의로 남을 단죄하지 마라. 나의 정의는 내 성향이다. 내가 남을 단죄하지 않더라도 자기가 지은대로 받는다. 나의 정의로 남을 단죄할 때 나는 그만큼 분노에 휩싸여 있다. 겉으로 드러난 행위만 가지고는 진실을 알 수 없다.

과거의 원인으로 현재의 결과가 있으므로 모두 그럴만한 이유가 있어서 그랬다. 모든 행위는 자기가 일으킨 원인에 대한 결과를 받는 업의 법칙이 있다. 좋은 원인은 좋은 결과가 있고 나쁜 원인은 나쁜 결과가 있다.

업의 법칙은 누가 개입할 수 없다. 내 기준으로 세상의 모든 일을 단죄할 때 나는 온전하게 살 수 없다. 세상은 온갖 잘못된 행위가 넘치기 때문에 나는 늘 화를 안고 괴롭게 살아야 한다.

36. 종교와 문화

종교가 문화와 만나면 원래의 가르침과 다른 형태로 바뀐다. 종교의 가르침이 뛰어나도 배우는 자가 가르침의 뜻을 정확하게 알 수 없기 때문이다. 가르침에 대한 해석이 다르면 분파가 생긴다.

문화는 인간의 마음이다. 인간의 마음은 저마다 다르고 이 마음도 매순간 변한다. 인간의 마음이 달라서 생긴 해석은 다른 결론을 내린다. 그래서 종교는 받아들이는 사람의 이해에 따라 끊임없이 분화한다. 이것이 종교가 세속화되는 불가피한 과정이다.

세속의 진실은 바뀌어도 출세간의 진실은 바뀌지 않는다. 세속은 자기 이해에 따라 바르거나 바르지 못한 방향으로 간다. 출세간은 자기 이해에 따라 변하지 않으므로 순수성을 잃지 않는다.

37. 수행의 진실

위빠사나 수행은 잘하기 위해서 하지 않는다. 대상을 있는 그대로 알아차리기 위해서 한다. 수행은 무엇을 얻으려고 하지 않는다. 몸과 마음의 성품이 무엇인지 알기 위해서 한다. 얻으려는 욕망이 있으면 얻지 못한다.

수행이 잘 안 되는 것이 아니다. 마음이 한 곳에 머물지 않을 뿐이다. 마음이 한 곳에 머물지 않는 것이 무상이다. 수행이 잘 안 되는 것이 아니다. 수행이 잘 안 되는 것에 괴로움의 진리가 있다.

수행이 잘 안 되는 것이 아니다. 마음이 내 마음대로 되지 않을 뿐이다. 마음이 내 마음대로 되지 않는 것이 무아다. 무아를 알면 수행이 잘 안 되는 것에서 번뇌를 끊는 지혜를 얻는다. 잘 안 되는 것에 보석이 숨겨져 있다.

38. 마음의 평안

물이 낮은 곳으로 흐르듯 마음은 편안한 곳으로 흐른다. 내 마음이 편안하면 모든 일에 관대해진다. 내 마음을 편안하게 하는 사람에게 마음이 흐른다. 마음이 모든 것을 이끌므로 내 마음이 편안한 것보다 더 우선하는 일은 없다.

자기 마음을 속박하지 마라. 탐욕과 성냄과 어리석음이 있으면 자기 마음을 속박한다. 내 마음을 속박하면 내 마음이 상대에게로 편안하게 흐르지 않는다. 내 마음을 속박하면 상대의 마음이 내게로 편안하게 흐르지 않는다.

서로의 마음이 편안하게 흐르지 않으면 소통이 되지 않고 역류하여 온갖 괴로움이 일어난다. 마음이 편안하게 흐를 때 관용과 자애와 지혜가 흘러 괴로움 없는 해탈의 자유를 얻는다.

39. 세간과 출세간

세간에서 윤회하는 근본원인은 어리석음과 욕망이다. 누구나 과거에 어리석음을 우두머리로 삼고 현재는 욕망을 동반자로 삼고 산다. 어리석으면 자아가 있고 자아가 있으면 욕망으로 산다.

어리석음과 욕망과 자아가 있으면 삶의 본질에 대한 의문을 풀지 못해 출구를 찾지 못한다. 출구를 모르면 똑같은 일을 되풀이 한다. 이것이 연기의 회전이고 윤회의 흐름이다. 출세간은 대상을 있는 그대로 알아차려 존재의 성품인 무상, 고, 무아의 지혜를 얻는다.

출세간의 지혜가 나면 자아가 없고 순간의 마음만 있다. 무아를 알면 어리석음과 욕망이 완전하게 소멸한다. 어리석음과 욕망이 완전히 소멸하면 집착이 끊어져 괴로움뿐인 윤회가 끝난다.

40. 인간의 마음

생명이 존재하는 세계는 지옥, 축생, 아귀, 아수라, 인간, 욕계천상, 색계, 무색계가 있다. 이 중에 인간의 마음이 가장 강력하다. 인간만 어떤 마음도 선택하고 그 과보를 받는다. 인간이 현재 잔인한 지옥의 마음이면 죽어서 지옥에 태어난다.

현재 어리석은 축생의 마음이면 죽어서 축생으로 태어난다. 현재 인색한 아귀의 마음이면 죽어서 아귀로 태어난다. 현재 선한 천인의 마음이면 죽어서 천상에 태어난다. 현재 해탈의 마음이면 다시 태어나지 않는다.

인간이 어떻게 그런 나쁜 일을 할 수 있냐고 하지 마라. 바로 인간이기 때문에 그렇다. 인간으로 태어난 사명은 도덕적인 생활로 마음을 청정하게 하여 괴로움을 소멸시키는 것이다.

41. 인간의 삶

인간은 살기 위해서 태어났는가, 죽기 위해서 태어났는가? 인간은 살기 위해서 태어났지만 죽음을 향해서 간다. 태어남과 죽음은 다르지 않다. 모든 것이 일어났으면 사라지는 무상이듯이 태어남과 죽음은 하나의 과정이다.

태어남을 원인으로 죽는 결과가 있고, 죽는 결과를 원인으로 다시 태어나는 결과가 있다. 죽을 때의 마음에 욕망의 종자가 있으면 새로운 생명으로 태어난다. 태어남과 죽음의 근본원인은 어리석음과 탐욕이다.

죽을 때 마음에 어리석음과 욕망이 없으면 태어날 원인이 사라져 태어나는 결과가 없다. 다시 태어나지 않아야 죽는 일이 없다. 나고 죽는 윤회의 괴로움에서 벗어나려면 통찰지혜를 얻어 집착을 끊어야 한다.

42. 옳고 그름

수행은 옳고 그름을 따지지 않는다. 단지 대상을 있는 그대로 알아차린다. 수행자는 어떤 현상이나 좋아하거나 싫어하지 않고 법으로 알아차린다. 수행자는 정치적인 사상으로부터 자유롭다.

내가 옳은 사상이라고 집착하면 그르다고 하는 사람과 싸운다. 수행자는 종교적 견해로부터 자유롭다. 내가 옳은 종교라고 집착하면 그르다고 하는 사람과 싸운다. 수행자는 사랑의 애증으로부터 자유롭다. 내가 원하는 사랑이라고 집착하면 원하지 않는 사람과 싸운다.

세속의 싸움으로는 출세간의 평화를 얻을 수 없다. 모든 것을 옳고 그름으로 판단하는 것은 개인의 문제다. 정치와 종교와 사랑은 개인의 취향이다. 저마다 옳고 저마다 그르다.

43. 욕망과 절제

인간은 항상 욕망과 절제의 갈림길에 서있다. 어리석으면 욕망의 길을 가고 지혜가 있으면 절제의 길을 간다. 욕망은 달콤하나 끝은 괴로움이다. 절제는 쓰나 끝은 청정한 즐거움이다.

욕망은 절제가 없고 절제는 욕망이 없다. 욕망은 나를 파멸로 이끌고 절제는 나를 행복으로 이끈다. 욕망은 여섯 가지 감각기관으로 들어오는 감각적 욕망과 나를 집착하는 욕망과 나를 비하하는 욕망이 있다.

절제는 계율을 지켜 바른 말을 하고 바른 행위를 하고 바른 직업을 갖는다. 욕망은 어리석음을 되풀이 하여 끝없는 윤회를 한다. 절제는 번뇌의 위험에서 보호하여 윤회를 끝낸다. 욕망은 알아차림이 없고 절제는 알아차림이 있다.

44. 나의 일과 남의 일

남의 부당한 행위는 나의 일이 아니고 남의 일이다. 나의 일과 남의 일을 구별하지 못하면 불필요한 괴로움을 끌어들인다. 나의 불필요한 괴로움은 남이 만들지 않고 내가 만든다. 남의 부당한 행위를 비난하면 나도 부당한 행위를 한 사람의 마음과 같다.

남의 부당한 행위를 동조하면 나도 부당한 행위를 한 사람과 같은 과보를 받는다. 모든 생각과 말과 행위에는 반드시 한만큼의 과보가 따른다.

내가 직접 행위를 한 것이 아니라도 남의 행위를 비난하거나 동조하면 남의 업에 휩쓸려 자신이 불행해진다. 나의 일과 남의 일을 분리하지 못하고 불필요한 참견을 하면 변방에서 억울하게 유탄을 맞는다.

45. 믿음의 진실

부처님을 정성으로 섬기면 복을 받고 환난병고를 피할 수 있는가? 부처님을 믿으면 시험에 합격하고 취직을 하고 돈을 많이 벌고 오래도록 살 수 있는가? 자기 믿음에 따라 보상을 받는다면 아무것도 하지 않고 그냥 믿기만 하면 된다. 그런 일은 결코 있을 수 없다.

부처님이 그런 절대적인 힘을 사용하는 분이라면 믿어서는 안 된다. 자기를 섬기는 자만 위하고 다른 사람은 무시한다면 공정한 성자가 아니다. 세상의 모든 일을 주재하는 초월적 존재가 있는가? 만약 있다면 나쁜 일을 방관하는 것에 대해 일정부분 책임이 있다.

세상의 모든 일은 자기가 지은대로 받는다. 위대한 성자는 단지 바른 길을 알려주어 스스로 해결하도록 한다.

46. 인간의 괴로움

인간은 즐겁기 위해서 태어났는가, 괴롭기 위해서 태어났는가? 즐거움과 괴로움은 하나로 연결된 과정이다. 즐거움을 바라서 괴롭다. 즐겁지 못해 괴롭고 즐거움이 와도 이내 사라져서 괴롭다.

즐거움을 바라는 마음이 욕망이라서 괴롭다. 내가 바라는 마음은 항상 과도하게 설정되어 괴로움에서 벗어나지 못한다. 태어나서 늙고 병들어 죽는 것이 괴로움이다. 몸과 마음을 가진 것이 괴로움이다.

괴로움을 있는 그대로 알아차리면 괴롭지 않다. 있는 그대로의 진실을 외면하고 괴로움을 받아들이지 않으면 괴롭다. 괴로움이 있는 것을 아는 지혜가 나면 괴로움에서 벗어난다. 괴로움이 있는 것을 몰라 어리석으면 괴로움에서 벗어나지 못한다.

47. 해답

남의 잘못을 비난하지 말고 나의 잘못을 살펴봐라. 남의 잔인함에 분노하지 말고 나도 잔인함이 없나 알아차려라. 남의 어리석음을 보고 나의 지혜를 키워라. 남의 잘못을 비난하면 나도 남과 똑같이 잘못한다.

남의 잘못을 비난하면서 잘못하는 사람을 닮는다. 남도 인간이고 나도 인간이다. 남이 가지고 있는 성향을 나도 가지고 있다. 인간은 최악의 가능성과 최선의 가능성을 모두 가지고 있다.

악한 자의 욕망은 더 악하기를 바란다. 선한 자의 관용은 더 선하기를 바란다. 나는 어떤 대상이나 있는 그대로 알아차려서 선한 마음을 가져야 한다. 세상을 살면서 생기는 모든 문제에 대한 해답은 밖에 있지 않고 내 마음가짐에 있다.

48. 반전

시작이 나쁘면 중간도 나쁘고 끝도 나쁘다. 시작이 좋으면 중간도 좋고 끝도 좋다. 태어남은 괴로움이라서 시작이 좋지 않다. 시작이 좋지 않으니 사는 것이 괴로움이고 죽음이 괴로움이다.

태어난 시작이 좋지 않더라도 대상을 있는 그대로 알아차리는 수행을 하면 살아가는 중간이 좋고 죽을 때의 끝이 좋다. 인간은 어리석음과 욕망을 가지고 태어나서 괴롭게 살 수밖에 없다. 괴롭게 태어난 인간은 괴로움을 가지고 살다 결국에는 괴롭게 죽는다.

좋지 않은 시작을 좋게 반전시킬 수 있는 길이 있다. 몸과 마음을 알아차려서 무상, 고, 무아의 지혜가 나면 욕망이 끊어져 자유를 얻는다. 반전은 오직 인간만 누릴 수 있는 고유한 권리다.

49. 지옥과 천상

과연 지옥과 천상은 있는가? 경전에 있는 존재의 세계는 지옥, 축생, 아귀, 아수라, 인간, 욕계, 색계, 무색계로 31개가 있다. 이들 생명은 윤회한다. 이 중에 지옥은 8개가 있으며 천상은 26개가 있다.

지옥은 업에 따라 갈 곳이 다르며 수명은 업에 따라 다르다. 천상은 업에 따라 갈 곳이 다르며 수명은 천상의 세계마다 다르다. 윤회는 연기의 법칙인 원인과 결과에 의해 진행된다. 좋은 일을 하면 좋은 곳에 태어나고 나쁜 일을 하면 나쁜 곳에 태어난다.

이 중에 인간만 두 개의 세계를 동시에 경험한다. 현재 지옥의 마음이면 죽어서 지옥에 간다. 현재 천상의 마음이면 죽어서 천상에 간다. 현재 해탈의 마음이면 죽을 때 윤회가 끝난다.

50. 하고 싶은 일

하고 싶은 일이 있다고 꼭 해야 하는 것은 아니다. 생각으로는 못할 일이 없다. 생각에 절제가 없으면 무지개만 는다. 하고 싶다고 모두 하는 것은 욕망이다. 욕망은 어리석은 자의 속성이다. 욕망을 충족시키는 동안 정작 해야 할 일을 하지 못한다.

하고 싶은 일과 필요한 일은 다르다. 하고 싶은 일을 다 하면 필요한 일을 하지 못한다. 좋은 일도 주어진 여건이 충족되었을 때 해야 한다. 여건을 무시하고 하는 일은 반드시 화를 부른다.

하고 싶은 일이 있을 때 먼저 하고 싶은 마음을 알아차려야 한다. 그러면 계율을 지키게 되어 마음이 고요해진다. 고요한 마음에서 지혜가 난다. 지혜로 하는 일이 중도며 반드시 실천해야 할 일이다.

51. 잘못

잘못된 일은 괴로움이다. 하지만 잘못된 일은 과거다. 과거는 현재가 아니라서 기억에 불과하다. 잘못을 있는 그대로 알아차리면 어리석음이 지혜로 바뀐다. 잘못은 알아차릴 대상이라서 법이다.

잘못은 와서 보라고 나타난 현상이다. 잘못된 일은 단지 알아차릴 대상에 불과하다. 잘못을 알아차리면 개선할 수 있어 더 향상할 수 있는 기회다. 잘못을 알아차리지 않고 마침표를 찍으면 개선되지 못한다.

잘못이 없으면 바른 것이 없다. 잘못이 문제가 아니고 알아차리지 못한 것이 문제다. 모든 것을 대상으로 알아차리면 손실이 이익이 되고 불명예가 명예가 되고 불행이 행복이 되고 비난이 칭찬이 된다. 알아차리면 굴절된 것이 바로잡힌다.

52. 생각

생각은 탐욕의 원인이다. 탐욕이 일어날 때는 탐욕이 일어난 마음을 알아차린 뒤에 호흡을 알아차려야 한다. 생각은 성냄의 원인이다. 화가 날 때는 화난 마음을 알아차린 뒤에 호흡을 알아차려야 한다.

생각은 어리석음의 원인이다. 어리석을 때는 어리석은 마음을 알아차린 뒤에 호흡을 알아차려야 한다. 인간은 생각을 피할 수 없다. 하지만 번뇌를 일으키는 생각이 일어나면 있는 그대로 알아차려야 한다.

누구도 생각으로부터 자유로울 수 없지만 나를 속박하는 생각과 속박하지 않는 생각을 구별해야 한다. 어떤 생각이나 있는 그대로 알아차리면 나를 속박하는 생각이 소멸한다. 생각이 끊어지고 아는 마음만 있을 때 속박에서 벗어난다.

53. 자애

자애가 있으면 살아있는 모든 생명을 존귀하게 여긴다. 나를 귀하게 여기는 것처럼 똑같이 남도 귀하게 여겨야 한다. 내가 사는 것처럼 남도 나와 같이 살아야 한다. 나의 이익을 위해서 남을 희생시켜서는 안 된다. 내가 겪는 고통은 남을 희생시킨 과보로 인해서 생긴다.

남을 희생시켜서 얻는 이익은 손실이다. 반드시 남을 희생시킨 만큼의 결과가 따르기 때문이다. 남을 귀하게 여기면 내 마음이 평온하여 행복하다. 남을 귀하게 여기면 남도 나를 귀하게 여긴다.

남에게 악한 의도를 가지면 내 마음이 분노에 휩싸여 불행하다. 남에게 악한 의도를 가질 때 남도 내게 악한 의도로 대응한다. 자애는 선한 마음의 씨앗으로 조화를 이룬다.

54. 나와 남

남을 의식하지 말아야 할 때가 있고 의식해야 할 때가 있다. 남을 의식하지 말아야 할 때는 남에게 과시하거나 열등의식을 가질 때다. 남에게 과시하거나 열등의식을 가지면 남의 삶을 사는 것이지 내 삶을 사는 것이 아니다.

남에게 과시하거나 열등의식을 가지면 남으로부터 천대받는다. 남에게 과시하는 것은 열등의식에서 비롯된 것이다. 남을 의식해야 할 때는 남에게 자애를 갖거나 피해를 주지 않으려고 할 때다.

세상은 나만 있는 것이 아니고 남도 있다. 나와 남이 평화롭게 공존해서 행복해지려면 남에게 자애를 가져야 한다. 그러면 남에게 피해를 입히는 일을 삼가게 된다. 나만 있고 남이 없으면 나도 없는 고독한 세상을 산다.

55. 수행자의 지혜

수행자의 지혜는 비밀이다. 수행자라고 해도 어떤 생각과 말과 행위를 하는지 알 수 없다. 수행자는 인간이 가지고 있는 어리석음과 지혜를 모두 가지고 있다. 다만 수행자는 선한 마음으로 지혜를 향해서 가는 과정에 있다.

그러므로 수행자라고 해서 무조건 믿어서도 안 되고 믿지 않아서도 안 된다. 인간의 마음에 선과 악이 감추어져 있듯이 수행자의 지혜도 비밀이다. 그렇지 않으면 수행자라는 선입관 때문에 수행을 왜곡하기 하기 쉽다.

수행자가 그럴 수 있느냐고 말하지 마라. 수행과 수행자는 다르다. 그나마 수행을 해서 바르게 될 가능성이 있다. 수행은 바른 법이지만 수행자가 법을 얼마나 실천하는지는 알 수 없다.

56. 무엇이 나를 보호하는가?

인간은 어리석음과 욕망을 가지고 태어나서 항상 위험에 노출되어 있다. 세상은 온갖 위험으로 넘쳐나고 나는 그 위험에 무방비상태로 놓여있다.

내가 어리석음과 욕망을 가지고 있어서 어리석음과 욕망으로 인해서 생기는 위험을 감지하지 못한다. 그래서 똑같은 괴로움을 계속해서 겪는다. 나는 이것이 괴로움인지도 모르고 괴로워한다. 괴로움이 있는 진실을 알아도 괴로움에서 벗어나는 길을 모른다.

어제도 괴롭고 오늘도 괴롭고 내일도 괴로움이 예정되어 있다. 무엇이 나를 이 괴로움으로부터 보호하는가? 오직 있는 그대로 알아차려서 생긴 지혜가 나를 보호한다. 지혜로운 생각과 말과 행동을 할 때만이 괴로움의 속박에서 벗어난다.

57. 근본치유

몸에 어떤 증상이 나타날 때는 하나의 현상으로 알아차려야 한다. 왜 이런 증상이 나타났는지 원인을 알려고 하지 마라. 생각으로는 정확한 원인을 알 수 없다. 그릇된 판단은 걱정만 키운다.

수행자의 의무는 대상을 있는 그대로 알아차리는 것이다. 대상을 진단하는 것은 수행자의 임무가 아니다. 수행자가 알아야 할 본질은 대상의 성품이다. 몸과 마음으로 인해서 생기는 증상의 원인은 너무 많다.

자가진단으로 증상의 원인을 판단하면 오히려 치유에 도움이 되지 않는다. 판단을 유예하고 대상을 있는 그대로 알아차리면 고요한 마음이 생겨 지혜가 난다. 지혜가 나면 대상이 가지고 있는 궁극의 이치를 알게 되어 치유 이상의 것을 얻는다.

58. 인연

인연은 내 마음대로 할 수 없다. 과거에 선행을 해서 만난 선한 사람도 인연이 다하면 헤어진다. 과거에 악행을 해서 만난 악한 사람도 인연이 다하지 않으면 계속 만난다. 만남과 헤어짐은 현상계의 질서다. 오는 인연 막을 수 없고 가는 인연 잡을 수 없다.

인연은 원인과 결과다. 과거에 행한 무수한 원인이 언제 어떤 결과로 나타날지 알 수 없다. 조건이 성숙되어서 나타나는 인연은 나의 의지와 상관없이 일어난다. 이미 끝난 인연을 집착하는 것은 어리석다.

어차피 올 악연이라면 온 것이 나쁠 것도 없다. 악연을 있는 그대로 받아들이면 악연이 끊어지고 선한 인연을 만든다. 과거의 인연은 보내고 현재 새로운 인연을 만들어야 한다.

59. 한 순간의 한 번

모든 시작은 한 순간의 한 번으로부터 비롯된다. 한 번이 두 번이 되고 세 번이 된다. 한 번 참으면 두 번 참을 수 있고 세 번 참을 수 있다. 참는 것이 거듭되면 좋은 습관이 생긴다.

한 번 참지 못하면 두 번 참지 못하고 세 번 참지 못한다. 참지 못하는 것이 거듭되면 나쁜 습관이 생긴다. 참으면 절제해서 계율을 지키게 되어 스스로 보호한다. 참지 못하면 감각적 욕망을 즐겨 스스로 보호하지 못한다. 스스로 보호할 때 불행이 비켜간다. 스스로 보호하지 못할 때 어김없이 불행이 찾아온다.

한 순간의 한 번을 시작하려면 호흡을 알아차려야 한다. 호흡을 알아차리는 순간에 감각적 욕망이 사라지고 절제하는 마음이 생겨 청정하다.

60. 종교의 두 가지 기능

종교는 순기능과 역기능을 한다. 순기능은 관용, 자애, 지혜, 보시, 지계, 수행을 실천하여 더불어 산다. 역기능은 탐욕, 성냄, 어리석음, 배척을 일삼아 더불어 살지 못한다.

순기능을 하려면 종교가 표방하는 교리를 맹신하지 않아야 한다. 맹신은 일방적이고 객관적이지 못해 위험하다. 초월적 존재의 이름으로 행해지는 잘못된 행위는 우월적이고 공격적이라 오히려 질서를 파괴한다.

가르침이 현상계의 질서 위에 있으면 상식을 벗어나 역기능을 한다. 나만 옳고 남은 잘못되었다는 믿음은 나와 남을 모두 파멸에 이르게 한다. 종교는 항상 양면성을 가지고 있다. 종교는 맹목적 믿음보다 알아차려서 얻은 확신에 찬 믿음이 필요하다.

옹 달 샘 **03**

61. 선의(善意)와 악의(惡意)

마음이 모든 것을 이끈다. 무슨 일을 할 때 먼저 의도가
일어난 뒤에 행위를 한다. 의도가 있는 행위를 업이라고
한다. 업은 지은대로 받는 원인과 결과라서 받아야할 것
을 받는 질서다. 의도는 선한 의도와 악한 의도가 있다.

선한 의도는 관용, 자애, 지혜를 가지고 하는 행위다. 선
한 행위는 계율을 지키는 도덕적인 마음에서 일어난다.
선한 의도로 하면 자기 이익을 위해서 남에게 피해를 주
지 않는다.

악한 의도는 탐욕, 성냄, 어리석음을 가지고 하는 행위다.
악한 행위는 계율을 지키지 않는 도덕적이지 못한 마음에
서 일어난다. 악한 의도로 하면 자기 이익을 위해서 남에
게 피해를 준다. 선한 의도와 악한 의도는 서로 섞이지 않
는다.

62. 생각이 성격이다

마음이 있어서 생각을 한다. 마음이 하는 생각은 자기 성격이다. 마음이 바르면 생각이 바르고 성격이 바르다. 마음이 바르지 못하면 생각이 바르지 못하고 성격이 바르지 못하다. 성격이 바르면 선한 마음을 가져 행복을 만든다. 성격이 바르지 못하면 악한 마음을 가져 불행을 만든다.

행복과 불행은 누가 주는 것이 아니고 오직 자기 성격이 만든다. 성격은 자기 습관이며 업의 과보다. 업의 과보는 오랜 시간을 거쳐 형성된 잠재의식이다. 잠재의식은 바꾸려고 해도 바뀌지 않는다.

잠재의식은 통찰지혜가 나지 않고서는 바뀌지 않는다. 통찰지혜를 얻기 위해서는 몸과 마음을 있는 그대로 알아차려서 무상, 고, 무아의 지혜를 얻어야 한다.

63. 자아(自我)의 독(毒)

어리석음과 욕망을 원인으로 괴로움이 일어난다. 어리석음과 욕망은 내 몸과 마음이라고 여겨서 생긴다. 몸과 마음은 매순간 변하므로 실체가 없어 무아다. 자아가 있다는 견해로 인해 눈이 먼다. 자아는 오만과 편견을 일으키는 독으로 진실을 가린다.

자아에 도취되면 자기 잘못을 모른다. 잘못을 모르면 같은 잘못을 되풀이 한다. 나만 아는 독선적인 성격보다 더 무서운 것은 없다. 나만 알면 남을 배려할 줄 몰라 배척한다. 나만 알면 잘못인지 알아도 아니라고 부정한다.

잘못을 알고도 부정하는 것보다 더 어리석은 일이 없다. 잘못을 시인하지 않으면 개선될 수 없기 때문이다. 잘못보다 더 잘못된 것은 잘못을 시인하지 않는 것이다.

64. 단점과 장점

누구나 자기 단점은 감추고 장점은 드러낸다. 내 단점이라고 생각해서 숨기고 장점이라고 생각해서 자랑한다. 나의 단점과 장점은 없다. 단점과 장점은 나의 것이 아니고 단지 몸과 마음이 가지고 있는 축적된 성향이다.

단점을 감추다보면 열등의식이 생긴다. 장점을 자랑하다보면 아만심이 생긴다. 누구나 자기가 살아온 불가피한 과거가 있다. 그러므로 단점과 장점은 불가피한 성향이다. 단점과 장점을 감출 것도 없고 자랑할 것도 없이 있는 그대로 알아차려야 한다. 그러면 단점이 장점이 되고 장점은 더 성숙한 장점이 된다.

단점과 장점의 기준도 내가 만든 모호한 것이다. 내 단점과 장점이 없으면 남의 단점과 장점도 보이지 않는다.

65. 수행과 현악기

수행은 현악기의 줄을 조율하는 것과 같다. 현악기의 줄은 느슨해도 안 되고 팽팽해도 안 된다. 줄이 적절하게 조율이 되었을 때 알맞은 소리가 나듯이 수행도 적절해야 바르게 할 수 있다.

수행을 할 때는 게을러도 안 되고 탐욕으로 해도 안 된다. 오직 대상을 있는 그대로 알아차려야 적절한 조건이 성숙된다. 믿음이 없어서 의욕이 나지 않으면 줄이 느슨해서 소리가 나지 않는 것과 같아 수행을 할 수 없다.

믿음이 지나쳐 맹목적으로 하면 줄이 팽팽해서 끊어지는 것과 같아 수행을 할 수 없다. 수행자는 현재 어떤 마음으로 수행을 하는지 알아차려야 한다. 지금 게으름으로 하는지 욕망으로 하는지 알아차려서 적절하게 조율해야 한다.

66. 선업의 공덕

선한 공덕을 쌓으면 선한 과보를 받는다. 선업의 공덕은
세간의 공덕이 있고 출세간의 공덕이 있다. 세간의 공덕
이 있으면 어느 분야에서 기능을 가지고 태어나 사회적인
성공을 한다. 세간의 공덕에 대한 과보로 지위를 얻거나
부를 누린다. 하지만 세간의 공덕은 지위나 부를 얻고도
비도덕적인 악행을 범할 수 있다.

지위를 가진 자의 악행은 범부의 악행보다 영향력이 커
서 더 가혹한 과보를 받는다. 출세간의 공덕이 있으면 수
행을 해서 통찰지혜를 얻는다. 출세간의 공덕은 사회적인
성공이 아닌 자기 내면의 청정으로 행복을 얻는다.

세간의 공덕은 어리석음이 있는 반쪽짜리라서 불완전하
다. 출세간의 공덕은 지혜가 있어 완전하다.

67. 내 마음대로

내 마음대로 되기를 바라지마라. 내 마음만 있지 않고 남의 마음도 있다. 마음은 있지만 내 마음대로 할 수 없어 무아다. 내가 바라는 마음과 상관없이 될 일은 되고 안 될 일은 안 된다.

무엇이나 내 마음대로 되기를 바라기 때문에 괴롭다. 내 뜻대로 되기를 바라는 것은 이기적 욕망이다. 내 마음대로 되지 않는 것을 다행으로 여겨라. 내 마음대로 된다면 나는 더 혹독한 괴로움에서 벗어나지 못할 것이다.

나는 선한 마음도 있지만 악한 마음도 있어 나쁜 것을 바랄 수도 있다. 남이 잘못되기를 바랄 때마다 상대가 잘못되면 이 악업의 과보를 모두 감당할 수 있겠는가? 내가 죽고 싶은 마음이 있을 때 정말 죽어버리면 어떻게 하겠는가?

68. 유명함

유명한 것에 눈이 멀면 진실은 없고 헛된 영달에만 관심
이 있다. 훌륭해서 유명한 것도 뜬구름 같은 일인데 속되
게 유명한 것은 더 말할 나위 없다. 명예욕은 고요함이 없
고 들뜸이 많아 자기 내면을 통찰하지 못한다.

자기 절제가 없으면 명예가 있다고 해도 불명예가 된다.
무엇을 위해서 유명하기를 바라는가? 내가 있어서 유명하
기를 바라지만 유명한 것을 소유하는 자아는 없다. 설령
유명해져도 그것이 나의 행복인가? 유명해질수록 남을 의
식해서 자기 삶을 살 수 없다.

이름이 알려지기를 바랄수록 진실과는 거리가 멀다. 진실
은 지금 이순간의 호흡에 있다. 나의 생명은 호흡과 호흡
사이에 있다. 호흡이 유명할 필요가 있겠는가?

69. 자존심

내가 있다고 생각해서 자존심이 있다. 자존심은 스스로
를 높이는 마음이다. 자존심이 있어서 품위를 지킨다. 하
지만 자존심이 나를 지켜주지만은 않는다. 자존심이 나를
살리지만 오히려 나를 죽인다.

자존심은 나를 어리석음과 오만에 빠지게 한다. 자존심을
세우면 내가 최고라는 착각에 빠진다. 내가 최고라는 생
각은 남을 멸시하게 한다. 내가 우월하다는 생각은 열등
의식에서 나온다.

수행자가 몸과 마음을 있는 그대로 알아차리는 순간에는
내가 없어 자존심이 없다. 자존심이 없는 마음은 청정하
여 나로부터 해방된다. 자존심이 없을 때 걸림이 없는 자
유를 누린다. 자존심이 있어 정체성을 확립하는 것이 오
히려 모든 괴로움의 원인이다.

70. 성공과 실패

인생의 성공과 실패는 지혜와 어리석음으로 결정된다. 지혜로 행동해서 즐거운 것이 성공이다. 어리석음으로 행동해서 괴로운 것이 실패다. 성공과 실패는 자신의 행동이 만든다.

지위가 없고 가난해도 지혜가 있으면 행복해서 성공한다. 지위가 있고 부유해도 어리석으면 불행해서 실패한다. 훌륭한 가문에 태어나서 좋은 교육을 받고 높은 지위를 얻은 것이 성공이 아니다. 성공은 지위나 부를 소유한 것에 있지 않다.

대상을 있는 그대로 알아차려서 생긴 고요함이 성공의 조건이다. 대상을 알아차리지 못해서 생긴 들뜸이 실패의 조건이다. 지혜가 있으면 관용과 자애를 가져 행복을 만든다. 어리석으면 탐욕과 성냄을 가져 불행을 만든다.

71. 무엇

무엇이 되려고 하지마라. 무엇이 되려고 하는 것이 욕망이다. 선한 의도로 하는 일도 무엇이 되려고 하면 욕망으로 한다. 선한 의도로 시작한 일도 욕망으로 하면 악한 의도로 바뀌어 악업을 짓는다.

욕망으로 하는 일은 만족할 줄 몰라서 얻어도 바르게 얻은 것이 아니다. 얻어도 만족하지 못하면 스스로 속박하여 불행하다. 단지 필요한 일이라서 해야 한다. 무엇이 되려고 하는 일은 자아가 있어 적절하게 할 수 없다.

필요해서 하는 일은 무아라서 적절하게 할 수 있다. 자아가 있으면 욕망으로 하게 되어 괴롭다. 무아가 있으면 필요해서 하게 되어 즐겁다. 무엇이 되려고 하면 어리석음과 욕망으로 하게 되어 궁극의 이치에 이르지 못한다.

72. 후회와 참회

과거의 잘못된 일을 생각하면 후회한다. 과거를 아는 현재의 마음은 과거의 마음과 다르다. 하지만 과거의 잘못을 후회하고도 다시 똑같은 일을 한다. 과거의 마음과 현재의 마음이 다르지만 마음에 있는 종자가 현재의 마음으로 상속되기 때문이다.

마음은 매순간 일어나고 사라져서 같은 마음이 아니지만 종자가 전해져 과거의 관습에서 벗어나지 못한다. 마음의 종자는 자신의 업으로 인해서 생긴 과보며 자신의 잠재성향이다. 이것이 세속을 살아가는 불가피한 현실이다.

생각으로 하는 후회로는 개선이 안 된다. 대상을 알아차려서 생긴 지혜로 알아야 참회를 해서 개선이 된다. 후회는 지혜가 나서 하는 참회가 아니라 습관을 끊지 못한다.

73. 이상(理想)

이상의 구현은 현실의 바탕 위에서 이루어져야 한다. 현실과 동떨어진 이상은 단지 생각에 불과하다. 현실에 바탕을 둔 이상이란 현실을 있는 그대로 알아차려서 받아들이는 것이다. 현실을 무시한 이상은 구현하기 어렵다. 현실을 무시한 이상은 몽상이다.

지금 여기에 있는 세간 없이는 출세간이 없다. 생길 수밖에 없었던 세간의 현실을 수용해야 출세간의 진실이 자랄 수 있다. 세간과 출세간의 소통 없이는 출세간이 확립될 수 없다. 선과 악으로 분리해서 악을 제거하는 것으로는 선을 구현하지 못한다.

옳고 그름으로 단정해서 그름을 배척하는 것으로는 옳음을 구현하지 못한다. 무엇이나 법으로 알아차려야 바른 이상을 실현할 수 있다.

74. 내 생각

내 생각은 살아온 과정에서 생긴 고정관념이라 주관적이다. 내 생각만 주장하고 남의 생각을 무시하면 이기적이다. 내 말만하고 남의 말을 들으려하지 않으면 독선적이다. 내 행동만 정당하고 남의 행동을 부당하다고 여기면 어리석다.

내 생각만 하면 어리석어도 어리석은지 몰라 괴롭게 산다. 내 생각이 있으면 남의 생각도 있다. 서로 소통이 되지 않으면 생명력이 없어 온갖 불화의 원인이 된다. 내 생각이 존중받으려면 남의 생각을 배려해야 한다.

누구나 자기 정체성을 가지고 살지만 정체성이 강하면 감옥에 갇힌 포로다. 일방통행만 있고 쌍방통행이 없으면 숨 쉬고 살 수 없다. 내 생각과 남의 생각이 조화를 이룰 때 평화가 있다.

75. 사랑

사랑은 주는 것이지 받는 것이 아니다. 사랑을 받으려고
하지마라. 사랑을 받고 싶어서 괴롭다. 사랑을 받는 것에
서 자유로우면 괴롭지 않다. 사랑을 받고 싶으면 내가 사
랑을 주어라. 사랑을 주고 사랑을 받지 못해도 계속 사랑
하는 것이 진정한 사랑이다.

내가 사랑을 주지도 않고 나만 받으려고 하는 것은 사랑
이 아닌 욕망이다. 사랑에 욕망이 있으면 사랑이 아니다.
사랑을 받으려는 마음이 있으면 어떤 사랑도 만족하지 못
한다. 욕망은 자기만 아는 이기적인 마음이다.

사랑에 욕망이 있으면 사랑의 노예가 된다. 주는 사랑만
있고 받는 사랑이 없으면 사랑의 노예가 되지 않는다. 아
무것도 바라지 않고 베푸는 사랑이 자유를 준다.

76. 무상(無常)

오늘의 몸과 마음이 어제의 몸과 마음과 같기를 바라지마라. 몸과 마음은 매순간 일어나고 사라지면서 끊임없이 변한다. 같을 수 없는 것을 같기를 바라는 것이 욕망이다. 같지 않은 것을 받아들이지 못하는 것이 어리석음이다.

어리석으면 변화를 거부하고 지혜가 있으면 변화를 받아들인다. 몸은 늙고 병들어서 시들어간다. 마음은 기억조차 희미해져 분별력을 잃는다. 무상이 현상계의 질서인데 변하지 않기를 바라면 질서를 역행한다.

덧없음의 질서를 역행하면 괴롭고 순응하면 괴롭지 않다. 일어나서 사라진 것은 무상이다. 무상을 아는 것이 위빠사나의 도(道)다. 도가 있으면 탐욕과 성냄과 어리석음이 소멸한 과(果)라는 열반이 있다.

77. 생각

누구나 자기 생각이 옳다고 여긴다. 그래서 자기 생각에서 벗어나려고 하지 않는다. 자기 생각이 옳다고 확신하면 다른 사람의 생각은 옳지 않다고 부정한다. 내 생각은 내가 형성한 가치관이라 주관적이다.

내 생각이 반드시 객관성을 가졌다고 할 수 없다. 바른 생각은 누구나 인정하는 객관성이 있어야 한다. 내 생각도 옳고 남의 생각도 옳으려면 남의 생각을 들어야 한다. 서로가 공통의 가치를 얻으려면 반드시 대화가 필요하다.

대화하려면 내 생각만 주장하지 말고 단지 의견으로 밝히고 상대의 의견도 경청해야 한다. 생각은 끊임없이 변하는 일련의 과정이다. 생각에 마침표를 찍으면 죽은 생각이 되므로 생각의 문을 열어야 한다.

78. 진리는 비밀이 아니다

진리는 더 이상 다다를 것이 없는 궁극의 이치다. 진리는
누가 만든 것이 아니고 원래 있는 질서다. 질서를 발견하
는 것이 위빠사나의 도다. 궁극의 이치는 몸과 마음에 있
는 무상, 고, 무아다.

세 가지 법은 몸과 마음이 가지고 있는 일반적 특성으로
존재하는 생명이 가지고 있는 성품이다. 일반적 특성은
항상 드러나 있어 비밀이 아니다. 진리를 신비롭게 말하
고 비밀인 것처럼 말하면 진리가 아니다.

신비로운 것은 실재가 아닌 관념으로 무엇인가를 도모하
기 위해 설정된 것이다. 진리는 보편적 가치라서 특정한
자에게만 있지 않고 모든 존재에게 적용된다. 항상 드러
나 있는 특성을 알려면 몸과 마음을 있는 그대로 알아차
려야 한다.

79. 보호

세상은 온갖 위험으로 넘쳐난다. 나는 위험으로부터 무방비 상태로 놓여있다. 무엇이 나를 보호하는가? 알아차림이 나를 보호한다. 알아차림은 감각기관의 문을 지키는 문지기다.

알아차리면 탐욕과 성냄과 어리석음이 들어와 주인행세를 하지 못한다. 알아차리지 못하면 도둑이 들어와 주인행세를 한다. 대상을 있는 그대로 알아차려서 생긴 지혜가 나를 바른 길로 인도한다.

무엇이 나를 보호하는가? 계율이 나를 보호한다. 바른 말과 바른 행위와 바른 직업을 갖는 계율을 지키면 몸과 마음이 청정해서 보호를 받는다. 계율은 거친 번뇌와 미세한 번뇌까지 모두 막아준다. 계율을 지켜 도덕적인 마음에서 생긴 지혜가 악으로부터 보호한다.

80. 꿈은 의도다

누구나 꿈을 가지고 산다. 꿈은 자기 마음이 바라는 의도다. 의도는 선한 의도와 악한 의도가 있다. 지혜로우면 선한 의도를 가져 내면의 고요함으로 평화롭다. 꿈이 선한 의도일 때는 선한 행동을 해서 행복한 결과가 생긴다.

어리석으면 악한 의도를 가져 내면의 고요함이 없고 들뜸과 혼란으로 평화롭지 못하다. 꿈이 악한 의도일 때는 악한 행동을 해서 불행한 결과가 생긴다. 행복과 불행은 다른 사람이나 초월적 존재가 주지 않고 의도가 있는 행위에 대한 결과로 받는다.

선한 의도에 열정이 더해지면 천상의 기쁨과 함께 윤회가 끝나는 행복이 있다. 악한 의도에 열정이 더해지면 지옥의 고통과 함께 윤회가 계속되는 불행이 있다.

81. 인간의 고통

누구나 죽음 앞에서 자유롭지 못하다. 죽음에 대한 진실을 모르면 무조건 두려움부터 갖는다. 모든 생명은 태어나면 죽는다. 이것이 죽음이 가지고 있는 진실이다. 태어난 것을 원인으로 죽는 결과가 있는 것이 생명의 질서다.

원인과 결과는 피할 수 없는 진실이며 누구도 이 질서에서 벗어날 수 없다. 죽음에는 남녀의 차이도 없고 노소의 차이도 없다. 죽음에는 선악의 차이도 없고 빈부의 차이도 없다.

죽음은 무상, 고, 무아의 법이다. 태어나면 죽는 것이 무상이고, 그 자체가 괴로움이고, 내 마음대로 할 수 없어 무아다. 당연한 질서를 거부하면 괴롭지만 받아들이면 괴롭지 않다. 어리석으면 당연한 질서에 귀의하지 못해 두렵게 산다.

82. 최고는 오만이다

자기 능력을 과시하면 성인이 된 미숙아다. 내가 최고라
고 하는 순간 오만해져 자신을 장님으로 만든다. 자기
힘으로 한 일이 약간의 성과가 있다고 해도 모두 내가
이룬 것이 아니다. 남의 도움 없이는 어떤 결과도 얻을
수 없다.

약간의 성과가 있다고 해서 우월감을 가지면 얻고도 잃는
것이 많다. 자신의 공덕조차도 남에게 돌릴 때 진정한 공
덕이 생긴다. 바람이 있는 공덕은 반쪽짜리고 바람이 없
는 공덕이 온전하다.

작은 결과에 큰 과보를 받으려 하면 작은 과보조차 잃는
다. 자아가 있어서 한 것이 아니므로 받을 나도 없으니 집
착할 것 없다. 공덕의 과보를 받을 나도 없다고 알 때 걸
림이 없는 자유를 얻어 어리석음에서 벗어난다.

83. 편한 마음

마음이 편한 것이 가장 소중한 일이다. 아름다운 꽃도 마음이 편해야 즐겁게 본다. 마음이 편치 않으면 아름다워도 보는 것이 괴롭다. 맛있는 음식도 마음이 편해야 즐겁게 먹는다. 마음이 편치 않으면 맛있어도 먹는 것이 괴롭다.

칭찬을 들어도 마음이 편해야 즐겁게 듣는다. 마음이 편치 않으면 칭찬도 고깝게 들려서 괴롭다. 마음이 편안하려면 탐욕을 알아차려서 관용이 되어야 한다. 성냄을 알아차려서 자애가 되어야 한다. 어리석음을 알아차려서 지혜가 되어야 한다. 자아를 알아차려서 무아가 되어야 한다.

대상을 있는 그대로 알아차리면 마음이 청정해서 편안하다. 봄이 와도 내 마음에 봄이 오지 않으면 아직 봄이 온 것이 아니다.

84. 죽음의 질서

인간의 생명은 촛불과 같다. 불이 켜지는 것이 태어남이고 꺼지는 것이 죽음이다. 촛불은 언제 어떻게 꺼질지 모른다. 촛불이 꺼질 때 더 강한 빛이 나는 것처럼 인간도 죽음 앞에서 생명의 집착이 더 강렬해진다.

태어나서 죽는 질서에 귀의하지 못하면 생명을 집착한다. 나이가 들어 죽는 질서를 무시하고 생명을 집착하면 자기 생각만 해서 남과 소통하지 못한다. 젊을 때는 힘이 있어 죽음에 대한 두려움을 제어하여 관대하다.

나이가 들면 힘이 없어 죽음에 대한 두려움을 제어하지 못해 이기적이다. 인간의 고통은 죽음의 질서를 거부해서 생긴다. 죽음의 질서를 받아들이면 관대하고 받아들이지 못하면 탐욕의 불로 자신을 태운다.

85. 나의 폭력

간밤의 꿈에 어떤 사람을 심각하게 구타했다. 폭력을 저지를 때 제어가 되지 않는 것을 느끼면서 매우 심하게 때렸다. 상대를 때릴 때 나의 제어가 되지 않는 잔인함에 놀랐다. 그리고 잠에서 깨어나 놀란 가슴을 쓸어내리면서 꿈인 것이 얼마나 다행인지 안도의 한숨을 쉬었다.

평소에 남을 때린 적이 없고 생각으로도 때린 적이 없었는데 왜 이런 꿈을 꾸게 되었는가? 아직도 나의 잠재의식에 폭력적인 마음이 자리 잡고 있는 것이 분명하다. 깨어 있을 때 화가 나면 얼른 알아차려서 진정시켰지만 꿈에서는 제어가 되지 않았다.

내가 수행을 계속해야 하는 이유는 내 알아차림이 미치지 못하는 꿈에서까지 알아차리는 힘을 키우기 위해서다.

86. 한 수 더 뜨는 사람

친구가 죽어서 우울한 사람에게 위로할 겸 물었다. "왜 죽지요?" "몰라요." "태어났으니까 죽어요." "……" 태어났으니까 죽는다는 것은 붓다가 밝힌 원인과 결과의 진리입니다. 죽음을 단순하게 볼 필요가 있어요."

그리고 이미 말한 죽음에 대한 진리를 각인시켜 우울함에서 벗어나게 하려고 다시 물었다. "왜 죽지요?" "다시 태어나려고 죽어요." 앞서 밝힌 태어났으니까 죽는다는 대답을 할 줄 알았는데 의외로 다시 태어나려고 죽는다고 한다.

이 말을 듣고 생각해보니 한 수 더 뜨는 사람이다. 태어났으니까 죽는다는 말도 옳고 다시 태어나려고 죽는다는 말도 옳다. 하나를 배워서 둘을 알면 지혜가 있어 괴롭지 않은 사람이다.

87. 천박한 마음

자존심은 상대에게 인정받으려는 마음이다. 인정받으려는 마음이 있을 때 자기를 소홀하게 대하면 화를 낸다. 화는 화를 낸 사람이 즉시 피해를 입는다. 내가 누구라는 생각은 단지 내 생각이다. 내 생각이 다른 사람의 생각과 같기를 바라면 어리석다.

내가 우월한 부분이 있어도 남이 인정하기 싫으면 부정할수 있다. 남이 내게 하는 행위는 내 행위가 아니고 남이한 행위다. 남이 정신적으로 미치지 못해서 내가 느끼는것을 모르면 나를 이해하지 못할 수 있다.

상대가 이해하지 못하는 것까지 내가 어떻게 할 수는 없다. 세간에서는 자존심이 자기 정체성을 확립하게 한다. 출세간에서는 자존심이 천박한 마음이라 자기를 욕되게한다.

88. 문제의 답

문제를 해결하기 위해 밖에서 답을 구하지 마라. 몸과 마음을 가지고 살면서 생긴 문제는 대상을 아는 자기 마음가짐이 답이다. 몸과 마음을 있는 그대로 알아차리면 옳고 그름 없이 하나의 현상이 된다.

하나의 현상으로 알아차리면 문제를 재단하지 않아 마음이 고요하다. 마음이 고요하면 대상이 가진 무상, 고, 무아의 성품을 아는 지혜가 난다. 존재의 성품을 아는 지혜가 날 때만이 집착을 하지 않아 문제를 해결할 수 있다.

이미 생긴 결과는 바꿀 수 없다. 바꿀 수 없는 현실을 받아들이지 못하면 출구가 없다. 바꿀 수 없는 결과를 바꾸려면 지혜가 나서 집착을 끊어야 한다. 지혜는 대상을 이해하는 것으로부터 출발한다.

89. 스승의 가르침

누구나 스승의 가르침이 없으면 바른 목표를 설정하고 바른 길로 갈 수 없다. 나는 아직 완전한 지혜가 무엇인지 몰라 나의 세계에 머물러 있기 때문에 내 수준의 것밖에 모른다. 내가 바른 것을 원한다 해도 막연해서 구체적인 진실을 모른다.

스승의 가르침은 나의 세계를 뛰어넘어 더 높은 가치가 있는 세계의 문을 열어 보인다. 스승은 새로운 세계가 있는 것을 알려줄 뿐만 아니라 이 세계로 가는 구체적인 방법을 안내한다. 스승의 가르침은 토론의 대상이 아니다.

스승의 가르침과 자신의 노력이 결합해야 통찰지혜를 얻는다. 스승의 가르침대로 알아차리면 맹목적 믿음에 빠지지 않고 확신에 찬 믿음이 생겨 해탈의 자유를 얻는다.

90. 현재

모든 것이 덧없고 내 것이라고 할 만한 것이 없는 진실을 알면 과거나 미래의 일에 매달리지 않는다. 과거나 미래는 실재하지 않는 관념이고 진실은 오직 현재에 있다. 과거는 지나간 시간이라서 현재가 아니다. 미래는 오지 않은 시간이라서 현재가 아니다.

행복은 과거의 후회와 미래의 두려움에 있지 않고 오직 현재를 아는 마음에 있다. 이러한 진실을 알면 과거의 일을 집착하지 않고 옛 사람을 잊지 못해 그리워하지 않는다. 어리석으면 지나간 일에 매달린다.

지나간 일을 집착하는 어리석음이 있기 때문에 오지 않은 미래에 대한 두려움이 생긴다. 흘러간 것은 흘러간 대로 두어야 현재가 살아난다. 현재가 살아나야 밝은 미래가 있다.

91. 오른쪽 왼쪽

오른쪽으로 간다고 좋아하고 왼쪽으로 간다고 싫어하지
마라. 오른쪽으로 갈만해서 가고 왼쪽으로 갈만해서 간
다. 오른쪽 왼쪽이란 방향은 중요하지 않다. 오른쪽 왼쪽
으로 가고 있는 것을 아는 것이 중요하다.

어딘가로 움직이고 있는 것이 무상이다. 모든 일은 어떤
방향이 되었거나 끊임없이 변한다. 오른쪽 왼쪽은 있지만
이것의 진실은 무상이다. 어느 방향으로나 변하고 있는
것을 알면 방향은 중요하지 않다.

누구나 오른쪽으로 갔다가 왼쪽으로 간다. 왼쪽으로 갔다
가 오른쪽으로 간다. 그러니 오른쪽 왼쪽이 무슨 의미가
있는가? 단지 모든 것은 변한다는 무상을 알면 그만이다.
무상을 모르면 대상에 함몰되고 알면 자유를 얻는다.

옹달샘 04

92. 한 순간의 진실

괴로움은 저절로 오지 않는다. 한 순간의 어리석은 행위로 일생이 괴롭다. 한 생만 괴롭지 않고 세세생생 괴롭다. 한 순간은 우연히 오지 않는다. 평소의 마음이 어느 한 순간의 행위를 한다.

어느 한 순간은 많은 순간들 중의 하나다. 최소의 단위와 최대의 단위는 같다. 한 순간으로 시작된 괴로움은 수많은 생애동안 켜켜이 쌓여 속도를 멈추지 않는다. 하지만 세월의 무게는 중요하지 않다.

지금 이순간의 몸과 마음을 알아차리면 어리석음이 지혜로 바뀌어 새로운 순간이 시작된다. 괴로움이 누적된 세월이 수없이 많다고 해서 괴로움을 소멸시키는데 똑같은 세월이 필요하지 않다. 현재의 몸과 마음을 알아차리는 단 한 순간이면 된다.

93. 생명의 향기

내가 좋아하는 성향을 남에게 강요하지마라. 누구나 축적
된 성향을 가지고 있다. 저마다의 성향을 존중하는 것이
아름다운 세상이다. 서로 다른 성향을 존중해서 조화를
이룰 때 평화가 있다.

나의 성향을 남에게 적용하는 것은 이기적 욕망이다. 사
랑해서 같기를 바라도 독선이라 다툼이 있다. 내가 좋아
하는 것을 말할 수 있어도 남이 하는 것을 싫다고 해서는
안 된다. 내가 좋아하는 것을 말하지 않고 남이 좋아하는
것을 싫다고 하지 않는 것이 더 성숙한 자세다.

자기 성향을 남에게 강요하면 자아가 있어서 생긴 잘못된
행위다. 원인이 있어서 생긴 결과를 부정하면 업의 상속
을 부정하는 잘못을 범한다. 서로 다른 성향은 생명의 향
기다.

94. 덕(德)과 도(道)

내가 행한 선한 일은 작게 생각하라. 남이 행한 선한 일은 크게 생각하라. 내가 행한 선한 일은 이미 공덕이 생겼으므로 더 이상 과시할 필요가 없다. 내가 선한 일을 한 것에 대해 공덕을 과시하면 선하지 못한 일이다.

선한 일을 하고 선하지 못한 결과를 맺으면 덕은 있지만 도가 없다. 내가 선한 일을 하고 작게 생각하면 덕과 도가 함께 있다. 남이 한 선한 일을 크게 생각하면 나도 더불어 선한 일을 한 것이다.

남이 한 선한 일을 칭찬하면 나도 똑같은 공덕의 과보를 받는다. 공덕은 물질로만 쌓는 것이 아니다. 남이 행한 선한 일을 크게 생각하면 덕과 도가 함께 있다. 남이 행한 선한 일을 깎아내리고 시기하면 덕과 도가 모두 없다.

95. 인연(因緣)

인연은 원인과 결과며 조건이다. 인간은 조건이 맞는 선한 인연이 있고 맞지 않는 악한 인연이 있다. 조건이 맞는 인연은 화합하고 조건이 맞지 않는 인연은 싸운다. 인연은 원인과 결과에 의한 과보심이 작용한다.

자기 의도와 상관없이 인과응보의 마음이 작용해 좋은 인연을 만나거나 나쁜 인연을 만난다. 좋은 인연을 만나도 과보심이 작용하면 나쁘게 보여 선택하지 않는다. 나쁜 인연을 만나도 과보심이 작용하면 좋게 보여 선택한다.

인간은 선하거나 악한 인연이 계속 교차해 괴로움을 겪는다. 인연의 고통에서 벗어나려면 대상을 있는 그대로 알아차려야 한다. 있는 그대로 알아차릴 때 마음이 청정하여 인연의 속박에서 벗어난다.

96. 잘못의 가치

과거에 욕망을 가지고 했던 모든 잘못을 후회하지마라.
후회하는 것으로는 결코 잘못을 극복하지 못한다. 후회로
세월을 보내도 남는 것은 후회밖에 없다. 과거에 욕망을
가지고 했던 모든 잘못을 있는 그대로 알아차려라.

오직 있는 그대로 알아차려서 지혜가 날 때만이 잘못을
극복할 수 있다. 지혜가 나면 잘못을 극복하기 위해 많은
세월이 필요하지 않다. 아무것도 바라지 않고, 아무것도
없애려고 하지 않고, 있는 그대로 알아차리면 과거의 잘
못이 경험이 된다.

경험이 지혜로 바뀌면 같은 잘못을 되풀이 하지 않는다.
후회는 지혜로 바뀌지 않아 같은 잘못을 되풀이 한다. 잘
못이 지혜로 바뀌면 잘못이 보석과 같은 가치가 있다.

97. 불공평과 공평

내가 행한 대로 받는 원인과 결과가 적용되면 불공평한 것이 가장 공평하다. 모든 것은 예외 없이 지은 대로 받는다. 내가 선행을 하면 선한 과보를 받고 악행을 하면 악한 과보를 받는다.

과거의 행위가 언제 어떤 과보로 나타날지 알 수 없지만 원인이 있으면 반드시 합당한 결과가 따른다. 인간이 출생을 해서 성장을 하고 죽음에 이르는 모든 과정이 전부 다르다. 단명한 것과 장수하는 것도 인생의 성공과 실패도 모두 업의 과보다.

선행과 악행이 똑같은 과보를 받는다면 오히려 불공평하다. 이 세상은 업의 과보에 따라 받는 것이 다르므로 불공평한 현실을 받아들여야 한다. 나에게 주어진 불공평을 극복하려면 새로운 선행을 해야 한다.

98. 눈 밝은 자

처음에는 잘했는데 다음에는 잘못한다. 처음에는 잘못했는데 다음에는 잘한다. 매순간 같은 몸과 마음이 아니기 때문이다. 조금 전의 몸과 마음과 조금 후의 몸과 마음은 같지 않다. 인간의 행위가 매순간 같지 않은 것에 무상, 고, 무아의 법이 있다.

몸과 마음이 매순간 변하는 것을 모르면 어리석음이 눈을 가려 자기 마음대로 하려고 집착을 한다. 몸과 마음은 덧없고 매순간 변해서 괴로움이며 마음대로 할 수 있는 자아가 없다. 이러한 궁극의 이치를 알아야 집착이 소멸한다.

집착은 무리한 것을 원해서 항상 모든 괴로움의 원인이다. 몸과 마음은 와서 보라고 법을 드러내고 있다. 눈 밝은 자는 법을 보고 걸림이 없는 자유를 얻는다.

99. 수행을 하는 이유

내가 수행을 하는 이유는 단 하나다. 오직 괴롭지 않으려는 것이 전부다. 괴롭지 않은 것이 행복이다. 괴롭지 않으려면 바른 생각과 바른 말과 바른 행동을 해야 한다. 바른 생각을 하지 않으면 그릇된 생각을 한다.

바른 말을 하지 않으면 그릇된 말을 한다. 바른 행동을 하지 않으면 그릇된 행동을 한다. 바른 생각과 말과 행동을 하면 계율을 지켜 보호를 받는다. 그릇된 생각과 말과 행동을 하면 계율을 어겨 보호받지 못한다.

행복과 불행은 누가 주지 않고 내가 만든다. 몸과 마음을 있는 그대로 알아차리면 관용과 자애와 지혜가 있어 행복하다. 몸과 마음을 있는 그대로 알아차리지 못하면 탐욕과 성냄과 어리석음이 있어 불행하다.

100. 지나간 시절

지나간 시절과 그때의 사람을 그리워하는 것은 그때의 느낌을 그리워하는 감각적 욕망이다. 실현될 수 없는 욕망을 버리지 못하고 집착하는 것이 어리석음이다. 지나간 시절은 돌아오지 않는다. 그 사람을 만난다고 해도 그때의 사람이 아니다.

지나간 시절은 다시 돌이킬 수 없는 과거일 뿐이다. 과거는 그냥 과거로 두어야 한다. 현재 저마다의 위치에서 자기 삶을 살면서 같이 괴로움을 겪고 있는데 궁금할 것도 없다. 예나 지금이나 하나도 다를 것이 없는 삶을 들추어서 무엇을 하겠는가?

정리하지 못한 일은 그냥 그대로 두어야 한다. 이미 일어나서 사라진 것으로 정리된 것이다. 과거에 매달리면 현재가 부실하고 미래로 갈 힘을 잃는다.

101. 최고와 최선

수행은 비교가 되지 않기 때문에 내가 하는 수행이 최고라고 알고 내가 최고라고 알 수 있다. 출세간의 수행에서 최고는 없고 최선은 있다. 내가 최고라고 아는 자부심은 아만심이 생기게 할 위험이 있다.

최고는 완성이지만 최선은 완성을 향해서 간다. 최선이 있을 때 어리석은 견해에 빠지지 않는다. 내가 최고라고 여기면 바른 가르침을 왜곡할 수 있다. 자기 우월감에 취하면 스승의 바른 지적을 받아들이지 못하고 반발한다.

최고는 자아에 있지 않고 보편적인 진실에 있다. 최고를 추구하는 자는 법과 가까이 있어도 법을 보지 못한다. 내가 최고가 아니고 단 하나의 최고가 있다. 탐욕과 성냄과 어리석음의 번뇌가 소멸한 열반이 최고다.

102. 해야 할 일

해야 할 일을 하면 행복하다. 하지 말아야 할 일을 하면
불행하다. 해야 할 일을 하면 어리석지 않아서 행복하다.
하지 말아야 할 일을 하면 지혜가 없어서 행복하지 못하
다. 인간이 해야 할 일은 감각기관을 알아차려서 마음을
청정하게 하는 것이다.

감각기관에서 알아차림이란 문지기가 지키면 번뇌라는 도
둑이 들어오지 못한다. 하지 말아야 할 일은 감각기관에
알아차림이란 문지기 없이 비워두는 것이다. 감각기관에
알아차림이란 문지기가 없으면 탐욕과 성냄과 어리석음이
란 도둑이 들어와 주인행세를 한다.

행복과 불행은 저절로 오지 않는다. 감각기관을 알아차려
서 도둑이 없으면 행복하다. 알아차리지 못해 도둑이 있
으면 불행하다.

103. 가문(家門)

가문은 전통적인 고정관념이다. 개인의 행위가 가문과 직결되면 사실보다도 더 부풀려진다. 개인의 잘못이 가문에 누를 끼치면 더 큰 범죄자가 된다. 개인의 성공이 가문의 영광이 되면 더 큰 명예가 된다.

가문은 인간이 만든 인습적인 허구다. 인간의 몸과 마음도 내 것이라고 할 것이 없는데 하물며 가문까지 덧씌워진다면 존재의 진실이 밝혀질 수 없다. 가문이 신분을 결정하지 않는다. 신분을 결정하는 것은 마음가짐이다.

선한 자는 신분이 높고 악한 자는 신분이 낮다. 붓다는 석가 족이 멸망하는 전쟁을 두 번이나 막았지만 세 번째는 길을 터주었다. 왕위를 계승할 자식과 친척까지 출가시킨 붓다는 과연 가문의 적일까?

104. 고정관념

감각기관이 감각대상과 접촉할 때 무조건 옳다거나 그릇되었다고 판단하지마라. 옳다고 하면 좋아서 집착한다. 그릇되었다고 하면 싫어서 배척한다. 옳다고 하거나 그릇되었다고 하는 것이 거듭되어 집착을 하면 고정관념이 생긴다.

고정관념이 생기면 한 번 옳다고 하는 것은 잘못되었더라도 옳다고 판단한다. 한 번 잘못되었다고 하는 것은 옳더라도 잘못되었다고 판단한다. 고정관념은 대상의 진실을 덮어버리는 치명적인 어리석음이다.

대상을 있는 그대로 알아차리면 옳고 그른 것으로 판단하지 않아서 마음이 청정하다. 청정한 마음으로 대상을 알아차려야 진실을 아는 지혜가 생긴다. 고정관념은 대상의 성품을 아는 지혜를 방해한다.

105. 인생무상

인간은 같은 현상을 어리석음과 지혜의 차이로 다르게 본다. 인생이 무상하다고 여길 때 어리석으면 욕망을 즐긴다. 인생이 무상하다고 여길 때 지혜가 있으면 욕망에 대한 집착을 끊는다.

무상해서 즐기면 괴로움의 늪에서 벗어나지 못해 윤회를 계속한다. 무상해서 집착을 끊으면 괴로움의 늪에서 벗어나 윤회가 끝난다. 괴로움은 어리석음을 근본원인으로 삼고 욕망을 직접원인으로 삼아 일어난다.

해탈의 자유는 지혜를 근본원인으로 삼고 욕망의 소멸을 직접원인으로 삼아 얻는다. 어리석음과 욕망이 있으면 괴로움뿐인 윤회를 계속한다. 지혜가 있어 욕망이 소멸하면 괴로움뿐인 윤회가 끝난다. 누구나 항상 두 개의 갈림 길에 서있다.

106. 믿음의 조건

누군가를 무조건 믿는 것은 위험하다. 초월적 존재를 믿거나 인간을 믿거나 예외가 없다. 초월적 존재는 불확실하고 인간의 마음은 매순간 변해서 자기도 마음대로 할 수 없다. 무조건 믿으면 자기가 원하는 것만 몰두하여 위험한 것은 눈을 감는다.

맹목적 믿음은 자기가 확신하는 것만 인정하고 다른 것은 배척해 소통하지 못해서 독선적이다. 상대의 심층을 살펴보지 않고 자기가 믿는 것만 절대적이라고 여기면 진실을 보지 못한다.

무조건 믿지 말고 대상을 탐구해보고 확신을 가졌을 때 믿어야 한다. 무조건 믿으면 잘못된 것을 바른 것이라고 알 수 있다. 대상을 있는 그대로 알아차려서 탐구해보고 지혜로 믿는 것이 위빠사나 수행이다.

107. 불쌍한 자

어리석으면 진실을 모른다. 진실을 모르면 불쌍하다. 어리석으면 선한 것을 모른다. 선한 것을 모르면 갈 길을 모른다. 불쌍하고 갈 길을 모르는 자는 미워할 대상이 아니다. 모르는 자를 미워하면 내가 모르는 자와 같다.

몰라서 그러는 것을 이해하지 않고 미워하면 내가 고통을 겪는다. 미움은 내가 일으킨 것이지 상대가 일으킨 것이 아니다. 상대가 어리석은 것은 그의 업이라서 내가 개입할 수 없다. 자기 업으로 인해서 생긴 어리석음은 진실이 있어도 보지 못한다. 지혜가 있어도 외면한다.

어리석음을 미워하지 않고 대상으로 알아차리면 내가 고요하다. 나의 고요함이 상대에게 개선의 기회를 준다. 미움으로는 사랑을 만들지 못한다.

108. 의식의 겁

인간의 의식은 무수한 겹이 있다. 어리석음도 무수한 겹이 있고 지혜도 무수한 겹이 있다. 한 겹의 어리석음을 벗기고 한 겹의 지혜를 쌓으려면 천 년의 세월이 걸릴 수 있다.

하지만 만 년의 세월이 지나도 한 겹의 어리석음조차도 벗기지 못하고 한 겹의 지혜도 쌓지 못할 수 있다. 어리석음의 겹을 벗기고 지혜의 겹을 쌓는 것은 세월에 있지 않고 알아차리는 방법에 있다.

방법이 바르면 불가능한 것을 언제나 가능하게 한다. 단하나의 방법은 몸과 마음을 아무것도 바라지 않고 있는 그대로 알아차리는 것이다. 어리석으면 항상 하고 즐거움이고 자아가 있어 윤회를 한다. 지혜가 있으면 무상하고 괴로움이며 무아를 알아 윤회가 끝난다.

109. 슬픔과 고통

슬픔을 못 본 척 외면한 것은 비겁해서가 아니다. 슬픔을 감당할 힘이 부족하기 때문이다. 고통을 못 본 척 피한 것은 정의가 없어서가 아니다. 고통을 감당할 힘이 부족하기 때문이다.

슬픔과 고통은 하나의 현상에 불과한데 이것을 대하는 것이 괴로워서 피한다. 슬픔과 고통을 피하는 한 영원히 괴로움에서 벗어나지 못한다. 어떤 현상이 나타나거나 모두 법으로 알아차리면 대상과 동화되지 않고 분리된다.

슬픔과 고통을 있는 그대로 알아차려야 괴로움에서 벗어날 수 있다. 모든 현상을 일어날 만해서 일어난 업으로 보면 객관적 진실을 아는 지혜가 생긴다. 슬픔과 고통을 피하면 계속 힘이 부족하고 알아차리면 새로운 힘이 생긴다.

110. 값진 인생

때로는 살기도 어렵고 죽기도 어렵다. 사는 것도 힘들고 죽는 것도 힘들어 어쩌지 못해서 산다. 누구나 자기가 행한 업의 상속자라서 고단한 인생을 산다.

돌이켜보면 과거에 몰라서 한 행동으로 현재의 괴로움을 겪는다. 지금도 모르기는 마찬가지라 마땅한 행동을 하지 못한다. 이미 업의 무게가 나를 짓눌러서 감당하기 어렵기 때문이다. 살기가 어려운 것은 내 뜻대로 되지 않기 때문이다.

내 뜻대로 하려는 것이 욕망이며 어리석음이다. 내 뜻대로 할 수 있었다면 나는 인간이기를 거부한 가장 흉악한 자가 되었을 것이다. 내 뜻대로 되지 않아서 내가 없는 인생의 참 뜻을 알아 겸손하게 살 수 있다. 사는 것이 어려워서 값진 인생이다.

111. 몸과 마음의 진실

내가 어느 곳에 있거나 나의 집은 내 몸과 마음이다. 내
마음이 의지해 있는 곳은 몸이며, 몸이 의지해 있는 곳은
마음이다. 나는 몸과 마음이 있어서 살며, 몸과 마음을 떠
나서는 살 수 없다.

내가 의지해서 살고 있는 몸과 마음에 관한 모든 문제는
오직 몸과 마음에 답이 있다. 몸과 마음이 아닌 다른 것에
서는 답을 구할 수 없다. 내 몸과 마음은 있지만 나의 소
유가 아니다.

몸과 마음은 있지만 마음대로 할 수 없어 무아다. 내 마음
대로 할 수 있다면 죽지 않고 계속해서 숨을 쉴 수 있어야
한다. 내가 원하지 않는 병에 걸려 괴로움을 겪지 말아야
한다. 몸과 마음은 단지 조건에 의해서 일어나고 사라지
는 연속적 현상이다.

112. 조화

억눌리면 폭발을 하고 굶주리면 과욕을 한다. 부족한 것
에 성냄과 탐욕이 붙으면 화를 부른다. 부족하면 부족한
대로 알맞으면 알맞은 대로 넘치면 넘치는 대로 알아차려
야 한다. 조건에 따라 부족할 수도 있고 알맞을 수도 있고
넘칠 수도 있다.

상황에 따라 나타난 변화를 있는 그대로 알아차리는 것이
조화다. 모든 일이 항상 균형을 이루기는 어렵다. 주어진
상황을 있는 그대로 알아차려야 균형이 잡힌다. 대상을
있는 그대로 알아차릴 때만이 조화를 이루어서 억눌림과
폭발을 해소하고 굶주림과 과욕을 해소한다.

많은 것이 부족함만 못한 것도 아니다. 부족함이 많은 것
만 못한 것도 아니다. 대상으로 알아차려서 생긴 조화가
중도다.

113. 세속의 답

세상의 번잡한 일로 걱정하는 분을 만났다. "요새 세상 돌아가는 것이 큰일 났어요." 잠시 머뭇거리다 답변을 했다. "세속에는 답이 없어요." "세속에 살면서 세속 일을 생각하지 말라는 건가요?" "그게 아니고 출세간을 사는 사람은 세속의 일로 걱정하지 않아요."

"출세간을 산다고 세속의 일을 무시하면 안 되지요." "세속을 이해하고 있는 그대로 알아차리는 것이 출세간입니다. 세속에 휩쓸리지 않고 분리해서 보는 출세간은 괴롭지 않아요."

"그렇다고 세속에는 답이 없다고 말하면 안 되지요." "네, 알겠습니다." 나는 숨이 막혀 자리에서 일어났다. 서로 견해가 다른데 공연히 세속에는 답이 없다는 말을 했구나 생각했다.

114. 출세간의 답

세속에는 답이 없고 출세간에 답이 있다. 세속의 일은 원인이 있어서 생긴 결과다. 과거의 원인으로 현재의 결과가 생긴 것이 업의 형성이다. 이미 형성된 업은 바꿀 수 없으므로 세간에는 답이 없다.

출세간에서는 세간의 일을 있는 그대로 알아차린다. 형성된 일을 있는 그대로 알아차리면 옳고 그름으로 판단하지 않고 하나의 법으로 본다. 그러면 대상의 성품을 아는 지혜가 생겨 무상, 고, 무아를 아는 업의 생성이 있다.

세간의 현상을 알아차려서 지혜라는 업을 생성하면 모든 번뇌가 끊어진다. 이것이 출세간의 답이다. 이미 형성된 세간의 업은 바꾸지 못한다. 출세간의 알아차림으로 통찰지혜가 나면 새로 생성하는 업은 바꿀 수 있다.

115. 존중

나는 나고 너는 너다. 나는 네가 아니고 너는 내가 아니다. 나와 네가 다르지만 그렇다고 완전하게 다르지 않다. 나는 나의 마음이 있고 너는 너의 마음이 있다. 나의 마음은 너의 마음과 다르고 너의 마음은 나의 마음과 다르다.

인간의 마음을 가졌다는 것은 같지만 마음가짐은 다르다. 마음은 과거에 행한 업의 과보를 받기 때문에 똑같을 수 없다. 마음이 다르다고 배척할 것이 아니고 오히려 다름을 존중해야 한다.

마음은 저마다 고유한 특성을 가지고 있으며 있는 그대로의 진실이라서 존중해야 한다. 나의 마음이 존중받으려면 남의 마음도 존중해야 한다. 같지도 그렇다고 다르지도 않은 마음을 존중할 때 나와 너의 평화가 있다.

116. 고집

고집은 원하는 것을 성취하지만 많은 것을 잃는다. 인내는 참고 견디지만 고집은 참지 못하고 주장한다. 인내는 열반으로 이끌고 고집은 윤회로 이끈다. 고집이 세면 자아가 강해 흰 것을 검다고 한다.

자기만 있고 남이 없으면 고독한 인간이다. 자신이 성공했다고 생각하면 고집이 더 드세다. 나만 옳다고 여기는 것이 옳지 못한 행위다. 나만 옳다고 하면 옳은 것도 그른 것이 된다. 무조건 이기려고 하지 말고 이해하려고 해야 한다.

대상을 있는 그대로 보지 않고 선입관으로 보면 자기와 소통하지 못하고 남과도 소통하지 못해 감옥에 갇혀 산다. 내 생각이 옳다고 여길 때도 마음을 열고 상대의 말에 귀를 기울이면 서로의 입장이 있다.

117. 괴로움의 소멸

참혹한 현상을 괴로워만 하지 말고 하나의 대상으로 알아차려야 한다. 견디기 어려운 일을 기억하는 것은 괴로워하기 위해서가 아니다. 대상으로 알아차려서 진실이 무엇인가를 알기 위해서다.

괴로워하는 것을 잊지 않는 것으로 정의를 구현하는 것이아니다. 어리석으면 괴로워하는 것을 즐기면서 자기 학대를 한다. 참혹한 것도 하나의 대상으로 알아차려야 지혜가 나 괴로움을 극복할 수 있다.

모든 현상은 지금 이것이 있으니 와서 보라고 하고 있다. 와서 볼 때는 대상을 자기 견해로 보지 않고 있는 그대로 알아차릴 수 있다. 와서 보면 먼저 원인과 결과를 아는 업의 지혜가 난다. 다음에 무상, 고, 무아의 지혜가 나 괴로움이 소멸한다.

118. 인간의 마음

인간은 완전하지 못하다. 인간을 이끄는 마음이 불완전하기 때문이다. 마음은 매순간 일어나고 사라져서 같은 마음이 아니다. 같은 마음이 아니라서 순간의 의도에 따라 다양한 행위가 일어난다.

마음은 항상 선을 향해서 가거나 악을 향해서 가거나 선악을 교차해서 가면서 가속도가 붙는다. 관용을 향해서 가거나 탐욕을 향해서 간다. 자애를 향해서 가거나 성냄을 향해서 간다. 지혜를 향해서 가거나 어리석음을 향해서 간다.

인간의 믿음이나 맹세는 믿을 것이 못된다. 경험을 해서 알았다고 해도 다음 순간의 마음과 같지 않아서 경험이 지속되지 않는다. 오직 몸과 마음의 성품을 아는 지혜만이 완전을 향해서 가므로 신뢰할 수 있다.

119. 기억의 기능

어리석으면 잊어야 할 것을 잊지 못하고 기억해야 할 것을 기억하지 못한다. 지혜가 있으면 잊어야 할 것을 잊고 기억하지 말아야 할 것을 기억하지 않는다. 기억은 알아차리지 못했을 때 알아차리기 위해 필요하다. 알아차렸을 때는 알아차림을 지속하기 위해 필요하다.

기억은 과거에 빠져 살기 위해서 필요한 것이 아니다. 알아차리지 못하면 어리석음에 빠져 불행하다. 어리석음에는 탐욕과 성냄과 자아가 있다. 알아차리면 지혜를 얻어 행복하다.

지혜에는 관용과 자애와 무아가 있다. 어리석으면 욕망으로 움켜쥐고 지혜는 욕망을 끊는다. 욕망으로 움켜쥐면 윤회의 괴로움을 겪는다. 욕망을 끊으면 윤회가 끝나는 해탈의 자유를 얻는다.

120. 옳고 그름

무조건 옳고 그른 것으로 판단하는 것은 바람직하지 못하다. 진실은 있는 그대로의 법이다. 옳으면 옳은 것이고 그릇되면 그릇된 것일 뿐이다. 옳고 그름은 하나의 법으로 알아차릴 대상이다.

옳고 그름을 있는 그대로 보지 않고 좋아서 집착하고 나빠서 없애려고 하면 진실을 알 수 없다. 옳고 그름으로 판단하는 것이 중요하지 않고 대상의 성품을 아는 것이 중요하다. 있는 그대로 알아차리지 않고 무엇인가를 도모하려는 것이 욕망이다.

욕망으로 하면 극단으로 가서 지성이 나약해져 대상의 성품을 알 수 없다. 대상으로 알아차리면 일어났다가 사라지는 무상과 만족할 수 없는 괴로움과 마음대로 할 수 없는 무아의 지혜가 나 자유롭다.

121. 원하는 마음

내가 원하는 대로 되지 않으면 괴롭다. 하지만 원하는 대로 되지 않아서 지혜를 얻을 수 있다. 무엇이나 원하는 대로 되면 교만해진다. 내 마음대로 되기를 바라는 것이 욕망이다.

세상일이 내 마음대로 되지 않는 무아의 지혜가 나려면 원하는 것을 얻지 못했을 때 알아차려야 한다. 원하는 것을 얻지 못해 좌절하는 것을 알아차리면 진실의 눈을 뜬다. 오직 통찰지혜만이 불만족을 만족으로 바꿀 수 있다.

지혜는 집착을 끊어 괴로움이 소멸하고 어리석음은 집착을 움켜쥐어 괴로움이 계속된다. 뜻대로 되지 않아 괴로우면서도 욕망을 버리지 못하는 것은 어리석기 때문이다. 어리석으면 지혜가 아닌 생각으로 알아 같은 잘못을 되풀이한다.

옹 달 샘 **05**

인간의 마음

인간은 선한 마음도 있고 악한 마음도 있다.
누구나 두 가지 마음이 번갈아서 일어나므로
사람을 볼 때 너무 단정적으로 보아서는 안 된다.
좋을 때나 나쁠 때나 단지 있는 그대로 알아차려야 한다.

122. 이해

내가 남을 이해하거나 남이 나를 이해하면 서로 교감한다. 내가 남을 필요로 하거나 남이 나를 필요로 하면 서로 존중한다. 서로 이해하지 못하거나 필요로 하지 않으면 존중하지 않아 교감하지 못한다.

서로 교감해서 소통하면 관계가 성립되고 교감하지 못해 소통하지 못하면 관계가 성립되지 않는다. 세속은 상호의 이해에 따라 움직이며 관계를 맺는다. 나와 너로 살고 있지만 서로 이해할 때 하나가 된다.

서로 이해하지 못하면 가까운 관계도 남으로 산다. 이해하는 것에 따라 가족도 하나가 될 수 있고 오히려 남보다 더 멀어질 수 있다. 서로의 이해를 두텁게 하려면 나를 내세워서는 안 된다. 상대에 대한 배려가 이해의 우선이다.

123. 인간의 마음

인간은 선한 마음도 있고 악한 마음도 있다. 누구나 두 가지 마음이 번갈아서 일어나므로 사람을 볼 때 너무 단정적으로 보아서는 안 된다. 좋을 때나 나쁠 때나 단지 있는 그대로 알아차려야 한다.

너무 좋게 보면 나쁠 때 실망해서 좋지 않은 선입관이 생긴다. 너무 나쁘게 보면 좋지 않은 선입관이 생겨 좋아질 수 있는 기회를 막는다. 이 세상도 좋은 면과 나쁜 면이 함께 있다.

세속에서는 선과 악을 벗어날 수 없어 항상 좋은 일과 나쁜 일이 교차해서 일어난다. 이것이 세속의 불가피한 현실이다. 출세간에서는 단지 작용만 하는 마음이 있어 선과 악이 없다. 출세간은 모든 것을 있는 그대로 알아차려서 걸림이 없는 자유를 얻는다.

124. 순수한 믿음

복을 바라는 믿음은 탐욕이라 순수하지 못하다. 순수한 믿음이 아니면 어리석음에 빠져 사물을 있는 그대로 보지 못한다. 마음을 청정하게 하는 믿음은 탐욕이 없어 순수하다. 순수한 믿음일 때 지혜가 나서 사물을 있는 그대로 본다.

초월적 존재에게 복을 빌어도 원하는 것을 얻을 수 없다. 복은 누가 주는 것이 아니라 자신의 생각과 말과 행위로 만든다. 누군가 복을 준다고 해도 자기 욕망을 충족시켜 줄 수 없다.

알 수 없는 존재에게 복을 바라지 말고 괴로움을 해결하는 스승의 가르침을 따라야 한다. 바른 가르침으로 무상, 고, 무아의 지혜가 나면 모든 괴로움이 소멸한다. 지혜가 나서 괴로움이 소멸하는 것보다 더 큰 축복은 없다.

125. 봄은

봄은 겨우내 기다린 내 마음에서 온다. 봄은 그냥 오지 않고 슬프게 온다. 봄은 설렘으로 온다. 봄은 차가운 바람 사이로 수줍게 온다. 봄은 매서운 바람 끝에 조금씩 묻어 온다. 겨울은 떠나지 않으려고 하는데 봄이 조금씩 밀어 낸다.

있는 것이 가고 새로운 것이 오는 치열함은 아픔으로 슬프게 오기도 하고 부드러움으로 정겹게 오기고 한다. 가지 않으려는 겨울의 집착과 새로운 것을 맞이하려는 봄의 시샘이 부딪치면서도 조화를 이룬다. 결국 파릇한 싹을 틔우는 것으로 자리를 바꾼다.

참고 견딘 기쁨으로 꽃들이 다투어 피고 벌이 윙윙거리고 날아 봄이 한층 분주해졌다. 산에는 붉은 진달래가 봄을 물들이고 꾀꼬리가 생명을 노래한다.

126. 시간

지혜가 있으면 시간을 알고 어리석으면 시간을 모른다. 부지런하면 시간을 만들고 게으르면 시간을 소모한다. 시간은 누구에게나 무한정 보장된 것이 아니다. 무엇을 할지 아는 자에게는 시간이 있고 모르는 자에게는 없다.

시간을 내버리지 말고 소중하게 아껴야 한다. 시간을 소모하지 말고 만들어야 한다. 시간이 한정된 것을 알면 허송세월을 보내지 않고 모르면 허송세월을 보낸다. 허송세월을 보내지 않으려면 반드시 해야 할 일이 있다.

태어나기 어려운 인간으로 태어난 사명을 다해야 한다. 몸과 마음을 알아차려서 괴로움을 소멸시키는 것이 인간의 사명이다. 모든 생명 중에서 오직 인간만 괴로움을 소멸시켜 행복을 얻을 수 있다.

127. 무상의 진리

모든 현상은 똑같지 않고 매순간 일어나서 사라진다. 조금 전에 본 것과 조금 후에 본 것은 다르다. 현상을 보는 마음도 조금 전의 마음과 조금 후의 마음이 다르다. 대상이 빠르게 변하고 대상을 보는 마음도 빠르게 변한다.

생각으로 대상을 보면 대상과 대상을 보는 마음이 변하는지 모른다. 대상을 있는 그대로 알아차려서 지혜가 나면 대상이 변하고 대상을 아는 마음도 변하는 것을 안다. 모든 것이 변하는데 한결같기를 바라지마라.

모든 현상이 덧없는 것을 아는 지혜가 나면 집착하지 않는다. 모든 것은 변하므로 내가 소유할 수 없다. 내가 소유할 수 있는 것은 오직 무상이다. 인간은 출렁거리는 파도 위에서 춤을 추는 존재다.

128. 괴로움

괴로움은 하찮고 실체가 없는 일을 만족하지 못해서 생긴
다. 원하는 대로 되지 않으면 화를 낸다. 화는 자기 뜻대
로 되기를 바라는 탐욕 때문에 일어난다. 탐욕은 그칠 줄
모르는 속성이 있어 아무리 얻어도 만족하지 못한다.

탐욕은 어리석음 때문에 일어난다. 어리석으면 탐욕과 성
냄이 함께 있다. 어리석음은 깊은 무지라 양심이 없고 수
치심을 모르고 항상 들떠 있다. 어리석음은 내가 있다는
견해 때문에 일어난다.

어리석음의 또 다른 이름은 자아다. 내가 있다는 것이 어
리석음이고 어리석음이 있어 탐욕이 있고 탐욕이 있어 화
를 낸다. 자아와 어리석음과 탐욕과 성냄은 하나로 연결
된 마음이다. 무아의 지혜가 나야 괴로움이 소멸한다.

129. 보고 듣기

본 대로 알고, 들은 대로 안다. 선한 행위를 보면 선한 마음이 생긴다. 악한 행위를 보면 악한 마음이 생긴다. 본 대로 알기 때문에 선한 것을 보고 악한 것은 보지 않도록 노력해야 한다.

본 대로 살기 때문에 선한 행위를 하는 자를 즐겨 만나고 악한 행위를 하는 자는 멀리해야 한다. 선한 말을 들으면 선한 마음이 생긴다. 악한 말을 들으면 악한 마음이 생긴다. 들은 대로 알기 때문에 선한 말을 듣고 악한 말은 듣지 않도록 노력해야 한다.

들은 대로 살기 때문에 선한 말을 하는 자를 즐겨 만나고 악한 말을 하는 자는 멀리해야 한다. 선한 조건을 성숙시키고 악한 조건을 멀리 하려면 볼 때나 들을 때나 하나의 대상으로 알아차려야 한다.

130. 환상과 실패

모든 실패에는 환상이 있다. 종잡을 수 없이 일어나는 생각이 환상이다. 환상에 사로잡히면 실재할 수 없는 것을 실재할 수 있는 것으로 안다. 실현할 수 없는 꿈을 실현할 수 있다고 여기면 어리석다.

환상과 긍정적인 생각은 다르다. 환상은 자기 생각에 빠져 현실을 무시한다. 긍정적인 생각은 현실의 바탕 위에서 잘되기를 바라는 노력이다. 현실은 내가 감성적으로 생각하는 것처럼 녹녹하지 않고 이성적이다.

대상을 있는 그대로 알아차리지 못하면 무지개 꿈을 꾼다. 대상을 있는 그대로 알아차리면 진실이 보여 허황된 꿈을 꾸지 않는다. 환상으로 인해서 생긴 실패에는 감각적 욕망과 어리석음이 있어 괴로움에서 벗어나지 못한다.

131. 인간의 삶

인간은 가졌거나 갖지 못했거나 살얼음판 위를 걸으며 괴롭게 산다. 갖지 못했으면 갖지 못해서 괴롭고 상대보다 부족하다고 느끼는 박탈감으로 괴롭다. 가졌으면 더 갖지 못해 괴롭고 가진 것이 달아날까봐 괴롭다. 있으면 있는 대로 괴롭고 없으면 없는 대로 괴롭다.

어리석음과 지혜의 차이로 괴로움의 차이가 있다. 욕망과 관용의 차이로 괴로움의 차이가 있다. 인간은 어리석음과 욕망을 가지고 있기 때문에 구조적으로 괴로움 없이 살 수 없다.

과거에는 어리석음을 우두머리로 삼아 태어났고 현재는 욕망을 동반자로 살아 괴롭다. 하지만 대상을 있는 그대로 알아차리면 어리석음이 지혜로 바뀌고 욕망이 관용으로 바뀌어 괴롭지 않다.

132. 두 가지 가치관

나를 지탱하는 것은 나의 가치관이다. 내가 가치로 여기던 것을 상실하면 깊게 좌절하여 생명까지 버릴 수 있다. 내가 가치로 여기던 것이 바뀌어 지혜가 나면 깨달음을 얻는다.

어리석어서 자아에 대한 가치관을 상실하면 괴롭다. 지혜가 나서 무아의 가치관으로 바뀌면 깨달음을 얻어 자유를 누린다. 가치관을 상실해서 허무에 빠져 좌절하는 것에는 자아가 있다. 가치관이 바뀌어 집착이 끊어져 깨달음에 이르는 것에는 무아가 있다.

세속의 가치는 욕망의 충족이라서 즐거움으로 시작되지만 괴로움으로 끝난다. 이 결과로 끝없는 윤회를 한다. 출세간의 가치는 욕망의 소멸이라서 지고의 행복이 있다. 이 결과로 괴로움뿐인 윤회가 끝난다.

133. 생각

생각에서 자애가 나오고 성냄이 나온다. 생각에서 지혜가 나오고 어리석음이 나온다. 생각은 저절로 일어나지 않는다. 마음이 의도를 내서 생각을 한다. 선한 의도를 내 선한 생각을 해서 자애가 일어난다. 선하지 못한 의도를 내 선하지 못한 생각을 해서 화를 낸다.

선한 생각을 하려면 대상을 있는 그대로 알아차려야 한다. 알아차리지 못하면 선입관을 가지고 보기 때문에 바른 생각을 하지 못한다. 생각 속에 온갖 번뇌가 있다. 번뇌가 생각을 흐리게 한다.

번뇌로 가득한 생각은 잡초처럼 강인한 생명력을 가지고 있다. 대상을 있는 그대로 알아차리면 오염된 생각이 끊어져 잡초가 번식하지 않는다. 청정한 생각이 행복으로 이끈다.

134. 인간의 무상

인간이 하는 일은 무슨 일이나 완전할 수 없다. 몸과 마음이 매순간 변하기 때문이다. 같은 몸과 마음이라면 한 번 잘한 일은 계속 잘할 수 있을 것이다. 몸과 마음은 매순간 일어나고 사라져 같지 않기 때문에 한 번 잘한 일이라고 해서 다음에도 잘할 수 없다.

또 한 번 잘못한 일이라고 해도 다음에는 잘할 수 있다. 몸과 마음이 항상 하지 않기 때문에 어린이로 태어나서 성인이 되고 늙어서 죽는 과정을 거친다. 몸과 마음은 무상하기 때문에 항상 좋아질 가능성과 나빠질 가능성을 함께 가지고 있다.

인간이 무상의 진리를 받아들이면 좋아질 가능성을 향해 노력한다. 무상의 진리를 받아들이지 않으면 나빠질 가능성을 향해 노력한다.

135. 대상의 진실

몸과 마음이 있어서 살므로 몸과 마음이 알아차릴 대상이
다. 대상을 대하는 자세가 온순하고 정성스럽고 의심이
없어야 법을 본다. 온순하면 선입관을 가지고 보지 않고
대상을 있는 그대로 본다. 대상을 있는 그대로 보아야 진
실을 안다.

대상을 보는 것이 중요한 것이 아니고 대상의 진실을 아
는 것이 중요하다. 대상이 가진 진실은 무상하며 괴로움
이고 무아다. 대상은 항상 여기 법이 있으니 와서 보라고
드러내고 있다. 오직 눈 밝은 자만 법의 진실을 알고 번뇌
를 불사른다.

대상의 진실을 알지 못하면 대상에 함몰되어 좋고 싫다고
반응하여 괴로움을 만든다. 대상의 진실을 알면 좋고 싫
다고 반응하지 않아 괴로움을 만들지 않는다.

136. 있는 그대로

좋은 음식도 내 입맛에 맞지 않으면 좋은 음식이 아니다. 좋은 일도 내 적성에 맞지 않으면 좋은 일이 아니다. 대상과 자기 입장의 차이로 인해서 생기는 현실적인 괴로움이 있다. 현실과 나의 입장에서 고민할 수밖에 없다.

세상을 내 뜻대로만 살 수 없다. 음식을 먹거나 하는 일에는 계율이 필요하다. 나와 맞지 않는다고 싫어하면 화를 내는 것이다. 맞는 음식만 먹고 맞는 일만 하는 것이 탐욕이다. 싫어하고 좋아하는 것만 하는 것이 어리석음이다.

음식을 먹을 때는 내 입맛이 아닌 음식 맛으로 먹어야 한다. 할 일을 할 때는 내가 좋아하는 일이 아닌 단지 필요한 일이라서 해야 한다. 대상을 있는 그대로 알아차리면 마음이 청정하다.

137. 위빠사나 수행

위빠사나 수행은 무엇을 하거나 할 때 하는 것을 알아차린다. 대상을 볼 때 보는 것을 알아차린다. 소리를 들을 때 듣는 것을 알아차린다. 냄새를 맡을 때 맡는 것을 알아차린다. 맛볼 때 맛보는 것을 알아차린다. 움직일 때 움직이는 것을 알아차린다. 생각할 때 생각하는 것을 알아차린다.

선하지 못한 마음이나 선한 마음이 일어날 때도 있는 그대로 알아차린다. 감각기관이 감각대상과 접촉할 때 알아차림이 문을 지키면 번뇌라는 도둑이 들어오지 못한다.

선입관 없이 단순하게 알아차리면 과거나 미래의 일을 생각을 하지 않아 후회나 두려움이 없다. 있는 그대로 알아차려서 생긴 청정함으로 지혜가 나면 괴로움이 소멸해 자유를 얻는다.

138. 인간의 사명

사람의 향기보다 더 달콤한 향기는 없다. 사람의 악취보다 더 고약한 악취는 없다. 사람의 소리보다 더 감미로운 소리는 없다. 사람의 소리보다 더 고통스러운 소리는 없다. 인간은 최상의 가치를 가지고 있으면서 최악의 가치를 가지고 있다.

인간은 모든 생명 중에서 가장 강력한 마음을 가지고 있어 가장 선한 마음과 가장 악한 마음을 함께 가지고 있다. 인간이 두 가지 마음을 가지고 있는 것은 어떤 마음이나 자신의 의지로 선택할 수 있는 것을 의미한다.

모든 생명 중에서 오직 인간만 자신의 삶을 반전시킬 수 있다. 인간으로 태어난 사명을 다하려면 대상을 있는 그대로 알아차려서 어리석음을 지혜로 바꾸어 자유를 얻어야 한다.

139. 선과 악

선한 자는 자기가 선하다고 말하지 않는다. 내가 선하다고 과시하는 것이 선하지 못한 탐욕이다. 선한 자는 자기를 내세우지 않기 때문에 선한 행위를 하면서 보상을 바라지 않는다. 바람이 없는 선일 때가 완전한 선이다.

선한 자는 남을 의식하지 않아서 자신의 선을 과장할 필요가 없다. 선한 자는 악한 자를 미워하지 않고 연민의 마음을 갖는다. 악한 자는 자신이 선하다고 말한다. 악한 자는 남의 선을 시샘하므로 선을 과장할 필요가 있다.

악한 자는 선한 자보다 더 선한 척 한다. 악한 자가 선한 척 하는 것은 아직 마음 한편에 선한 불씨가 살아있기 때문이다. 선한 불씨를 살려 불이 피어나게 하려면 자기 마음을 알아차려야 한다.

140. 행복과 불행

행복과 불행은 자기 몸과 마음에서 온다. 몸과 마음을 분리해서 보는 것이 지혜의 시작이다. 몸과 마음을 가지고 살면서 생긴 문제는 오직 몸과 마음에 답이 있다. 구할 수 있는 것에서 답을 구하면 행복하다. 다른 것에서 구하면 불행하다.

몸이 아플 때 마음이 아프지 않아야 한다. 마음이 아플 때 몸이 아프지 않아야 한다. 몸과 마음을 있는 그대로 알아차리면 서로 분리되어 영향을 미치지 못한다. 몸과 마음을 있는 그대로 알아차리면 감각적 욕망이 절제되어 행복하다.

알아차리지 못하면 감각적 욕망의 노예로 살아 불행하다. 몸과 마음을 있는 그대로 알아차리면 이성적으로 보아 행복하다. 알아차리지 못하면 감성에 치우쳐 불행하다.

141. 바른 행위

내가 하는 행위는 단지 나의 행위다. 상대가 나의 행위를
판단하는 일은 단지 상대의 행위다. 나의 행위와 남의 행
위를 구분하지 못하는 것이 바르지 못한 견해다. 내가 바
른 행위를 해도 모두 바르다고 인정하지 않는다.

잘못된 견해가 있으면 바른 행위를 비난한다. 어리석으면
옳고 그름에 상관없이 비난한다. 내가 바른 행위를 하지
않으면 하지 않는다고 비난한다. 내가 바른 행위를 해도
잘못한다고 비난한다.

바른 행위를 할 때 남을 의식하지 않고 해야 온전하게 바
른 행위를 한다. 바른 행위를 하면서 남에게 인정받고 싶
은 마음이 있으면 바른 행위가 탐욕이 된다. 바른 행위를
하면서 남의 비난에 반응하면 바른 행위가 성냄이 된다.

142. 관찰하는 자

내가 불편하더라도 남이 편리한 일이라면 받아들여야 한
다. 자아가 강하면 사소한 불편도 참지 못하고 화를 낸다.
화를 내면 가장 먼저 자신이 피해를 입는다. 화는 선하지
못한 마음이라서 자신의 성격이 나빠지고 남이 나를 싫어
한다.

남의 불편한 행동을 이해하면 내 마음이 편안하다. 내 마
음이 편안할 때 나도 좋고 남에게도 좋은 영향을 준다. 내
가 괴롭더라도 남이 하는 일은 그대로 두어야 한다. 내가
있어 나를 우선하면 세간의 마음이다.

세간의 마음은 탐욕과 성냄이 있어 불행하다. 내가 없어
남을 배려하면 출세간의 마음이다. 출세간의 마음은 관용
과 자애가 있어 행복하다. 나는 남을 심판하는 자가 아니
고 나를 관찰하는 자다.

143. 선업의 공덕

잘못을 바르게 하는 자가 있고 바른 것을 잘못되게 하는
자가 있다. 선한 일을 한 공덕이 있으면 잘못을 바르게 한
다. 선한 행위는 관용과 자애와 지혜다. 선행을 실천하려
면 남을 돕고 계율을 지키며 대상을 있는 그대로 알아차
리는 수행을 해야 한다.

선업의 공덕을 쌓으면 어리석음이 지혜가 되어 괴로움이
즐거움으로 변한다. 선한 일을 하지 않아 공덕이 없으면
바른 것을 잘못되게 한다. 불선 행위는 탐욕과 성냄과 어
리석음이다.

불선 행위는 내가 있다는 견해와 모든 것이 영원하다는
견해와 이번 생으로 끝이라고 하는 견해로 인해서 생긴
다. 잘못을 바르게 하면 괴로움뿐인 윤회가 끝난다. 바른
것이 잘못되면 괴로움뿐인 윤회를 한다.

144. 성자의 말

성자의 말도 상황에 따라 다르게 이해해야 한다. 성자의
말은 모든 사람에게 적용되는 총론이 있고 특정한 사람에
게 적용되는 각론이 있다. 모든 사람에게 적용되는 총론
은 보편적 가치를 지니고 있다.

총론은 반드시 이것밖에 없다거나 무엇을 배척하는 것이
아니다. 오직 나만 믿으라고 하거나 다른 신앙은 배격하
라는 가르침은 맹목적이어서 보편적 가치가 없다. 특정한
사람을 깨우치게 하기 위한 각론은 상대가 처한 상황에
따라 가장 적절한 도움을 주려는 뜻이 있다.

이런 경우에 어리석음을 깨우치기 위해서 삿된 것을 배격
하고 나를 믿으라고 할 수 있지만 이것이 궁극의 진리는
아니다. 문자를 뛰어넘는 믿음이라야 참된 진실을 발견할
수 있다.

145. 방황의 끝

몸과 마음을 있는 그대로 알아차려서 감각적 욕망이 소멸하면 방황이 끝난다. 감각기관이 감각대상과 접촉해서 느낌이 일어날 때 좋아하거나 싫어하는 갈애가 일어나면 방황이 시작된다. 갈애가 일어나면 대상을 집착하고 업을 생성하여 연기가 회전한다.

연기가 회전하는 순간 윤회가 상속되어 미래의 태어남이 생긴다. 태어남은 새로운 방황의 시작이다. 윤회가 끝나 태어나지 않을 때 방황이 끝난다. 느낌에서 갈애가 일어나지 않아야 기나긴 방황이 끝난다.

방황하는 동안에 겪은 괴로움은 산처럼 높고 이별하면서 흘린 눈물은 강물처럼 많다. 어리석음이 지혜로 바뀌고 욕망이 관용으로 바뀌면 더 이상 이별의 슬픈 눈물을 흘리지 않는다.

146. 무상의 질서

바른 일이나 바르지 못한 일이나 모두 일정한 질서를 가지고 진행된다. 바른 일도 일어나고 사라지는 질서 속에 있다. 바르지 못한 일도 일어나고 사라지는 질서 속에 있다. 바르거나 바르지 못한 일의 차이는 분명해도 일어나고 사라지는 질서는 똑같다.

모든 것은 무상의 질서 속에서 일어난 순간에 흔적도 없이 사라진다. 일어나고 사라지는 질서를 받아들이면 변하기 때문에 오는 괴로움을 뛰어넘어 지혜를 얻는다. 일어나고 사라지는 질서를 받아들이지 못하면 변하기 때문에 오는 괴로움에 걸려 지혜를 얻지 못한다.

무상과 괴로움을 아는 지혜가 열리면 무아의 지혜가 나 모든 집착을 여읜다. 내가 없는 자유만이 모든 괴로움을 불태운다.

147. 성공의 조건

성공은 조건이 성숙한 결과라서 내 마음대로 할 수 없다. 성공은 적절한 원인에 의해서 생긴 결과로 온다. 무슨 일이나 먼저 목적을 이루려는 의도가 필요하다. 바른 의도에 열정이 있으면 선한 노력을 한다. 바른 의도지만 집착을 하면 탐욕으로 해서 선하지 못한 노력을 한다.

바른 목적을 가지고 필요한 일이라서 하면 선한 노력으로 해서 원하는 것을 얻지 못해도 성공한 것이다. 목적을 이루기 위해 정도를 따르지 않으면 선하지 못한 노력으로 해서 원하는 것을 얻어도 성공한 것이 아니다.

세속에서는 탐욕으로 해서 성공이 실패가 되고 실패가 성공이 되는 부침을 거듭한다. 출세간에서는 탐욕이 소멸하여 성공과 실패의 부침이 없다.

148. 관대함

내 마음이 편안하면 남의 허물을 관대하게 받아들인다.
내 마음이 편안하지 못하면 상대의 허물이 없어도 관대하
게 받아들이지 못한다. 무엇이 내 마음을 편안하게 하는
가? 내가 바라는 대로 되어야 마음이 편안하다.

내가 바라는 대로 되기를 바라는 것은 욕망이다. 욕망은
아무리 얻어도 만족할 수 없는 특성이 있다. 그러므로 나
는 늘 편안하지 못하다. 얻어도 만족할 수 없는 욕망을 가
지고 사는 것은 어리석은 일이다.

사는 것이 괴로운 것은 만족할 수 없는 욕망의 노예로 사
는 어리석음 때문이다. 대상을 있는 그대로 알아차리면
욕망과 어리석음이 붙지 못한다. 대상을 알아차리는 순간
에는 마음이 편안하여 남을 받아들일 수 있다.

149. 정의

정의가 실현되는 것은 즐거움이다. 정의는 공평하기 때문에 가장 아름답다. 맛 중에서 법의 맛이 가장 으뜸인데 법의 맛이 정의의 맛이다. 정의는 승리와 패배가 없는 있는 그대로의 진실이다.

이기고 지는 것 없이 모든 사람에게 이로운 것보다 더 가치가 있는 것은 없다. 정의가 살아있으면 정의를 구현하는 사람도 이롭지만 불의를 행하는 사람도 이롭다. 정의를 구현하면 선업의 공덕을 쌓고 구도의 길을 가서 이롭다.

불의를 가진 사람은 정의가 실천될 때 불의를 행하지 않아서 이롭고 바른 도리를 배워서 이롭다. 올바른 도리를 행하면 불행이 비켜가고 행복이 찾아온다. 정의는 생명을 약동하게 하므로 인간이 지켜야할 숭고한 도리다.

150. 인간관계

인간관계가 항상 한결같을 수 없다. 인간의 마음이 한결같지 않기 때문이다. 마음은 자발적인 조건과 유발된 조건에 의해 끊임없이 변한다. 또 나의 의도와 상관없이 과거의 행위로 인해서 생긴 과보의 마음이 영향을 미친다.

한결같지 않은 마음을 문제 삼으면 관계가 복원되기 어렵다. 서로 이해하지 못할 때는 그냥 있는 그대로 받아들이고 기다려야 한다. 흔들리는 마음이 원래의 마음으로 되돌아오려면 시간이 필요하다.

마음은 좋았다가 나빠지고 나쁘다가 좋아진다. 마음은 다양한 과정을 거치면서 진행되므로 결정된 것은 아무 것도 없다. 어떤 일이나 결론을 내리고 끝내면 안 된다. 마침표를 찍으면 좋아질 가능성을 스스로 차단한다.

151. 괴롭지 않은 것이 행복이다

누구나 행복하기를 바라지만 행복하지 못하다. 행복하기를 바라는 마음이 오히려 불행을 가져온다. 행복하기를 바라도 행복하지 못하기 때문이다. 행복이 자기 욕망을 충족시키는 것일 때는 결코 행복할 수 없다.

욕망은 아무리 얻어도 만족하지 못하고 더 얻고 싶은 특성이 있다. 욕망을 가지고 행복하기를 바라는 한 불행의 늪에서 헤어나지 못한다. 행복하기를 바라면서도 행복하지 못한 것에는 어리석음이 있다. 행복은 물질을 얻어서 오는 것이 아니고 정신의 고요함에서 온다.

감각기관이 감각대상과 접촉할 때 있는 그대로 알아차리면 마음이 청정하다. 이때의 청정함에는 괴로움이 없다. 마음이 청정해서 괴로움이 없는 것이 행복이다.

152. 좋은 일

좋은 일도 알맞은 조건이 성숙되어야 좋은 일이다. 선한
의도로 했다고 무조건 좋은 일이 되지 않는다. 좋은 뜻으
로 시작했지만 욕망으로 하면 좋은 일이 지속될 수 없다.
좋은 일이 시작도 좋고 중간도 좋고 끝도 좋으려면 나와
남이 함께 좋아야 한다.

나만 좋고 남은 좋지 않으면 좋은 일이 성립되기 어렵다.
나만 있고 남이 없으면 이기적인 욕망이 되어 좋은 일이
오히려 나쁜 결과를 맺는다. 뜻이 좋다고 해서 상대에게
무리한 희생을 강요해도 좋은 일이 성사되지 않는다.

좋은 일이 성숙되려면 먼저 내가 없어야 하고 상대는 있
고 뜻이 살아있어야 한다. 좋은 일은 자신이 만들 수도 있
고 파괴할 수도 있다. 좋은 일은 눈이 멀지 않았다.

옹 달 샘 **06**

153. 옳고 그름

대상의 옳고 그름만 있으면 좋아하고 싫어하여 마음이 불안하다. 대상을 있는 그대로 알아차리면 좋아하고 싫어하지 않아 마음이 편안하다. 옳고 그름은 다툼이 있어 마음이 괴롭다. 있는 그대로 알아차리면 청정해서 마음이 즐겁다.

옳다고 전부 옳은 것이 아니고 그릇되었다고 전부 그릇된 것이 아니다. 옳은 것도 그릇된 것으로 바뀔 수 있고 그릇된 것도 옳은 것으로 바뀔 수 있다. 모든 대상을 무조건 옳고 그른 것으로 재단하면 양극단에 치우쳐 개선될 여지가 없다.

모든 현상은 조건에 의해 끊임없이 변한다. 대상을 있는 그대로 알아차리면 옳은 것이 계속 옳은 것으로 유지된다. 그릇된 것은 옳은 것으로 바뀌어 개선될 수 있다.

154. 괴로움과 즐거움

괴롭지 않으려면 감각적 욕망을 추구하거나 극단적으로 자기 학대를 해서는 안 된다. 즐거우려면 대상을 있는 그대로 알아차려서 중도의 길을 가야 한다. 감각적 욕망을 즐기고 극단적으로 자기 학대를 하면 마음이 혼란해서 현재도 괴롭고 미래도 괴롭다.

대상을 있는 그대로 알아차리면 마음이 청정해서 현재도 즐겁고 미래도 즐겁다. 감각적 욕망을 추구하면 저속한 일을 탐닉해서 지성이 나약해 진다. 극단적으로 자기 학대를 하면 열등의식으로 자기를 부정하고 남을 배척한다.

두 가지 행위는 이익이 없고 괴로움뿐인 윤회의 원인이다. 대상을 있는 그대로 알아차리면 무상과 괴로움과 무아의 진리를 발견하여 윤회의 사슬에서 벗어난다.

155. 바른 신앙

서로 다름을 존중하지 않으면 맹목적이어서 바른 신앙이
아니다. 맹목적인 믿음은 자신의 눈을 멀게 하여 오히려
불행해진다. 내가 믿는 것만 옳고 남이 믿는 것은 잘못이
라고 하면 독선이다.

인간은 홀로 존재하지만 남과 더불어 살 때 평화와 자애
가 있다. 남을 배척하면 신앙이 분노를 키우는 가장 나쁜
역기능을 한다. 성자의 가르침은 저마다 다르다. 성자가
태어난 시대와 지역에 따라 가르침이 다르다.

성자의 업이 달라 진실의 가치도 다르고 접근하는 방법
도 다르다. 가르침이 같으면서도 다를 수밖에 없는 현실
을 인정해야 진실에 접근할 수 있다. 다른 것이 하나의
진실이 되게 하려면 오직 대상을 있는 그대로 알아차려
야 한다.

156. 내 마음대로

내 마음대로 되지 않으면 화를 낸다. 내 마음대로 되기를 바라는 것이 탐욕이다. 모든 일이 내 마음대로 되는 것이 아님에도 그렇게 되기를 바라는 것이 어리석음이다. 내 마음대로 되기를 바라는 것 하나에 탐욕과 성냄과 어리석음이 모두 있다.

선하지 못한 마음인 탐욕과 성냄과 어리석음은 내 마음대로 되기를 바라는 자아 때문에 생긴다. 몸과 마음은 있지만 내가 소유하거나 내 마음대로 할 수 없다. 모든 일은 나의 의도와 상관없이 조건에 의해 일어나고 사라지는 질서에 의해 진행된다.

내 마음대로 되기를 바랄 때는 바라는 마음을 알아차려야 한다. 인생은 승리와 패배로 고착되어 있지 않고 조건에 의해 진행되는 과정의 연속이다.

157. 나의 길

나의 길을 가야한다. 세상의 많은 일 중에 나의 길을 가는 것보다 더 중요한 일은 없다. 나는 혼자 태어나서 혼자 살다가 혼자 죽는다. 누구도 내 인생을 대신할 수 없다. 무엇으로도 내 인생을 보상할 수 없다.

흔들림 없이 나의 길을 가는 것이 나를 돕고 더불어 남을 돕는다. 나의 길을 가지 않으면 남의 길을 가서 허송세월을 보낸다. 세상의 불필요한 일에 마음을 빼앗기면 나를 돌아볼 겨를이 없다.

나의 길을 가려면 먼저 내 몸과 마음을 알아차려야 한다. 나를 알아차리지 않고서는 진실을 발견할 수 없다. 어차피 가야할 길이라면 나의 길을 가서 행복을 찾아야 한다. 누구도 내 인생을 대신 살아줄 수 없다.

158. 가까운 관계

가까우면 그만큼 멀어질 가능성이 있다. 가까운 만큼 바라는 것이 있기 마련이라서 언젠가 실망한다. 가까운 관계지만 자기 기준으로 보면 차츰 상대의 허물이 보인다. 가깝지만 바라는 것이 없고 자기 기준으로 보지 않아야 관계가 지속된다.

인간은 소유에 대한 욕구가 강해서 가까운 만큼 소유하려고 한다. 자신이 바라는 대로 충족이 되지 않으면 상대의 가치를 낮게 평가한다. 결국에는 가까운 관계가 소원해지기 마련이다. 가깝지만 바라는 것이 없고 내 기준으로 보지 않아야 가깝지도 멀지도 않은 관계가 유지된다.

이런 관계가 되어야 치우침이 없는 평등심이 생긴다. 평등심을 얻기 위해서는 나와 남을 있는 그대로 알아차려야 한다.

159. 기억

인간은 정리되지 않는 유산을 받고 산다. 과거의 기억이 현재로 상속되어 번뇌로부터 벗어날 수 없다. 누구도 과거의 기억으로부터 자유롭지 못하다. 인간은 기억의 가해자이면서 피해자다. 기억은 유익한 기능과 유익하지 못한 기능을 함께 가지고 있다.

시간이 변하고 마음도 변해서 같지 않지만 기억은 과거를 현재로 가져오고 미래까지 번뇌를 상속시킨다. 기억은 정리될 수 없는 마음이라서 과거의 유산을 물려받을 수밖에 없다. 하지만 반드시 기억의 괴로운 유산을 물려받아야 하는 것은 아니다.

정리되지 않는 유산을 정리하려고 하면 안 된다. 괴로운 생각이 날 때 단지 괴로워하고 있는 것을 알아차리면 유산의 족쇄에서 풀린다.

160. 무아

몸과 마음은 있지만 내가 소유하지 못한다. 무아를 알아야 나의 길을 간다. 자아가 있다고 알면 나의 길을 가지 못한다. 무아를 알면 지혜가 이끌어 인간으로 태어난 사명을 다한다. 자아라고 알면 어리석음이 이끌어 인간으로 태어난 사명을 다하지 못한다.

알면 선한 행위를 해서 행복하고 모르면 불선 행위를 해서 불행하다. 알면 과거의 원인이 현재로 오고 현재의 원인이 미래로 간다고 안다. 모르면 내가 전생에서 현생으로 오고 내생으로 간다고 안다.

무아를 알면 감각적 욕망의 집착을 끊어 자유롭다. 자아라고 알면 감각적 욕망을 집착해서 속박을 받는다. 무아를 알아야 비로소 나의 길을 간다. 무아를 모르면 나의 길을 가지 못한다.

161. 사랑

나의 사랑만 있고 상대에 대한 배려가 없으면 사랑이 아니고 욕망이다. 살아있는 모든 생명을 존귀하게 여길 때 비로소 인간도 바르게 사랑할 수 있다. 사랑하는 사람을 소유하려고 집착하면 사랑이 아니고 탐욕이다.

사랑은 상대의 입장이 되어 이해하고 상대에게 헌신하는 마음이다. 사랑은 내 욕망을 충족하려는 이기적인 마음이 아니고 상대를 배려하는 이타적인 마음이다. 사랑하면 상대의 허물까지도 기꺼이 용서할 수 있어야 한다.

상대를 내 마음대로 하려고 하면 눈먼 어리석은 사랑이다. 상대의 마음을 헤아려 줄 때 상대도 내게 손을 내민다. 사랑하면 화를 내지 말고 관용을 베풀어야 한다. 사랑은 주는 것이지 받는 것이 아니다.

162. 나와 남

앞서가는 조급한 마음은 뒤에 오는 여유 있는 마음을 모른다. 일등의 우월함은 꼴등의 겸손함을 모른다. 빨리 달려가는 조급한 마음은 천천히 가는 관조하는 마음을 모른다. 최고가 되려는 마음에는 나밖에 없지만 최선을 다하는 마음은 나와 남이 함께 있다.

모르는 마음은 어둠에 휩싸여 어디로 가는지 모르고 끊임없이 방황한다. 아는 마음은 밝음이라 어디로 가는지 알아 방황하지 않고 바르게 간다. 앞서가고 일등을 하고 빨리 달려가는 것이 잘못된 마음이 아니다.

나만 있고 남이 없는 것이 잘못된 마음이다. 뒤에 오고 꼴등을 하고 천천히 걷는 것이 잘하는 마음도 아니다. 나도 있지만 언제나 남도 있어야 바르게 잘하는 마음이다.

163. 물질과 정신

물질의 소유가 우선이고 정신의 고요함이 뒷전이면 바른 가치관이 아니다. 참된 행복은 물질에 있지 않고 대상을 받아들여서 아는 정신에 있다. 바른 가치관을 갖고 있지 않으면 평화가 없고 투쟁만 있다.

바르지 못한 가치관을 가진 자가 모여서 만든 사회는 바르지 못한 세상이다. 물질을 우선으로 하는 자는 잘못된 정신으로 인해서 오는 교만과 불안의 피해를 알지 못한다. 물질의 풍요함을 우선으로 하면 정신의 빈곤함으로 인한 허약함을 알지 못해 괴롭게 산다.

물질은 정신의 도구일 뿐이므로 물질이 주체가 되어서는 안 된다. 물질이 주체가 되고 정신이 도구가 되면 바른 인간의 품성을 가질 수 없어 괴로움의 노예로 살아야 한다.

164. 인간주의

민족은 있지만 배타적 민족주의가 되어서는 안 된다. 민족이라는 이름으로 자행되는 이기적인 행위는 인간의 존엄성을 훼손한다. 애국과 민족주의는 다르다. 나만 있고 남이 없는 사회는 모든 다툼의 원인이다.

민족주의라는 이름으로 용인되는 독선은 인종주의나 지역주의나 계급주의라는 폭력을 부추긴다. 나는 있지만 개인주의가 되어서는 안 된다. 독선적인 개인주의가 되어서는 안 되고 따뜻한 인간주의가 되어야 한다.

숲에 있는 나무들은 개인주의가 없고 서로의 위치에서 자기의 삶을 살며 평화롭게 공존한다. 하늘을 나는 새들은 개인주의가 없고 모두 자유롭게 허공을 날며 행복하게 산다. 인간은 자연계의 질서에서 배워야 할 것이 많다.

165. 인생의 가치

행복한 자에게도 괴로움이 있고 불행한 자에게도 괴로움이 있다. 자아가 있으면 모든 것이 풍요해도 더 얻지 못해서 괴롭고 있는 것이 달아날까봐 괴롭다. 지혜가 있는 자도 괴로움이 있고 어리석은 자도 괴로움이 있다.

지혜가 있는 자는 아직 완전한 지혜가 나지 않아서 괴롭다. 지혜가 있어도 청정함이 부족해 자기관리가 되지 않아 괴롭고 세상의 온갖 삿된 일들과 부딪쳐서 괴롭다. 어리석은 자는 감각적 욕망을 가지고 살아서 목마름을 해소하지 못해 괴롭다.

피할 수 없는 괴로움을 극복하려면 괴로움을 없애려고 하지 말고 있는 그대로 알아차려야 한다. 괴로움을 있는 그대로 알아차려서 극복할 때 비로소 참된 인생의 가치를 안다.

166. 인간의 가치

존귀하거나 비천한 가치는 대상에 있지 않고 대상을 받아들여서 아는 내 마음에 있다. 훌륭한 대상도 내 마음이 가치가 없다고 여기면 쓸모없다. 저급한 대상도 내 마음이 가치가 있다고 여기면 쓸모가 있다.

성자의 가르침도 내가 가치를 느끼지 못하면 바람처럼 스쳐지나가는 말에 지나지 않는다. 삿된 견해도 내가 가치가 있다고 느끼면 보물처럼 소중하게 간직한다. 자기 마음이 자기 가치를 결정한다. 자기 마음에 따라 인간의 가치가 결정된다.

지혜가 있는 인간은 숭고해서 가치가 있다. 어리석은 인간은 저급해서 가치가 없다. 숭고한 가치를 지닌 자는 나와 남에게 모두 이롭다. 저급해서 가치가 없는 자는 나와 남에게 모두 해롭다.

167. 완전한 성공

세간에서는 정의라는 이름으로 투쟁을 해서 원하는 것을 성취한다. 세간의 투쟁은 자기 이익을 위해 정의라는 깃발을 내세운다. 하지만 투쟁의 대상이 되는 쪽에서는 불의라고 맞서며 투쟁한다. 투쟁은 이기고 지는 싸움이다.

이기고 지는 싸움에는 성공이 없고 악순환만 있다. 작용에는 항상 반작용의 조건이 붙는다. 이긴 자가 있으면 진자가 있어 복수할 때를 기다린다. 출세간에서는 법이라는 이름으로 대상을 있는 그대로 알아차려서 지혜를 얻는다.

출세간의 알아차림은 이기고 지는 싸움이 아니라서 다툼의 소지가 없다. 다툼이 없으니 작용에 대한 반작용이 생기지 않는다. 이기고 지는 다툼이 없는 평화가 완전한 성공이다.

168. 근본치유

위빠사나 수행은 잘못된 것을 개선하려고 하지 않는다. 단지 잘못을 있는 그대로 알아차리기 위해서 한다. 잘못을 개선할 수 있는 유일한 방법은 대상을 있는 그대로 알아차리는 것이다.

모든 잘못은 어리석음과 욕망으로 인해서 생긴다. 잘못을 개선하려고 하면 욕망으로 하게 되어 흔적이 지워지지 않는다. 잘못을 개선하려는 마음은 대상에 개입하는 것이다. 대상에 개입하면 반드시 작용에 대한 반작용이 생겨 치유가 되지 않는다.

잘못을 있는 그대로 알아차리는 마음은 대상에 개입하지 않는다. 대상에 개입하지 않고 있는 그대로 알아차리면 작용에 대한 반작용이 생기지 않아 근본치유가 된다. 모든 대상은 와서 보라고 나타난 법이다.

169. 들뜸과 평안

욕망에서 들뜸이 나오고 관용에서 평안이 나온다. 욕망이 있으면 관용이 없고 관용이 있으면 욕망이 없다. 들뜸이 있으면 평안이 없고 평안이 있으면 들뜸이 없다. 욕망은 선하지 못한 마음이고 관용은 선한 마음이다.

누구나 선하지 못한 마음과 선한 마음을 함께 가지고 있다. 그래서 욕망이 있어 들뜰 때가 있고 관용이 있어 평안할 때가 있다. 행복과 불행이 교차하는 것은 들뜸과 평안을 함께 경험하기 때문이다.

들뜨면 두려움과 불안과 초조가 있어 사물을 바르게 판단하지 못해 어리석어진다. 평안하면 고요함과 집중력이 있어 사물을 바르게 판단하는 지혜가 난다. 들뜨거나 평안하거나 모두 있는 그대로 알아차리면 의식이 고양된다.

170. 감정의 절제

내가 좋다고 해서 다른 사람도 좋은 것이 아니다. 내가 싫다고 해서 다른 사람도 싫은 것이 아니다. 내가 좋아하는 것도 어느 때가 되면 싫어한다. 내가 싫어하는 것도 어느 때가 되면 좋아한다.

내가 느끼는 감정도 변하기 마련이므로 좋아하고 싫어하는 것을 집착해서는 안 된다. 내가 좋아하고 싫어한다고 해서 남에게 그대로 강요하는 일은 더더욱 삼가야 한다. 좋아하고 싫어하는 것은 결국 괴로운 느낌이다.

어린이는 자기감정을 여과 없이 드러낸다. 성인이 되어서도 좋아하고 싫어하는 것을 집착하면 어른이 된 어린아이다. 감정의 절제가 없으면 물가에 놓인 어린이와 같다. 감정에 이끌려서 살면 자기 멋대로 사는 철부지다.

171. 귀의처

붓다께서 위대한 것은 괴로움을 해결하는 가르침을 주었기 때문이다. 괴로움을 해결하는 유일한 길은 괴로움을 있는 그대로 알아차리는 것이다. 인류역사에 자기 몸과 마음을 알아차려서 괴로움을 해결하는 길을 열어 주신 분은 오직 붓다밖에 없다.

붓다는 선각자로서 존경의 대상이지 믿음의 대상이 아니다. 붓다는 가르침을 주어 스스로 해결하도록 하신 분이지 누구에게 직접 복을 주는 분이 아니다. 붓다는 신앙의 대상이 아니고 붓다의 가르침이 신앙의 대상이다.

붓다에게 복을 빌면 가르침에게 복을 달라고 하는 것이다. 붓다는 자신의 몸과 마음과 가르침을 귀의처로 삼으라고 했다. 남을 귀의처로 삼으면 괴로움에서 벗어나지 못한다.

172. 관용

관용이 있으면 상대의 잘못을 너그럽게 용서하고 그대로 받아들여서 이해한다. 관용이 있어야 자애가 생긴다. 관용과 자애가 있으면 지혜가 나 행복하다. 관용은 행복의 첫걸음이다. 관용의 이익은 먼저 자신에게 돌아오고 남도 이롭다.

남의 잘못도 받아들여서 이해해야 하거늘 자기 이익을 위해 잘못이 없는 사람을 시기하고 비난하면 스스로 불행을 만든다. 내가 하는 행위는 고스란히 내게로 돌아와 나를 행복하게 하거나 불행하게 한다.

남을 받아들이는 관대함이 없으면 탐욕이 일어나고 화를 내고 어리석음에 빠진다. 이런 행위가 결국 자신을 파멸에 이르게 한다. 남을 비난하는 일을 일삼으면 남은 물론 자기가 자기를 적으로 만든다.

173. 종교

불교는 종교(religion)가 아니면서도 가장 으뜸가는 종교 (宗教)다. 붓다의 가르침을 따르는 불교는 신(神)을 믿지 않기 때문에 다른 종교와 다르다. 붓다는 나의 가르침을 따르면 나를 볼 수 있다고 했다. 나를 믿지 말고 나의 가르침을 실천하여 스스로 괴로움을 해결하라고 했다.

불교는 인간의 괴로움을 있는 그대로 알아차려서 해결하는 인류사에 가장 뛰어난 가르침이라서 진정한 종교다. 불교는 붓다를 믿음으로써 청정한 마음을 가질 수 있다고 말하지 않는다.

누구도 남을 정화시킬 수 없으며 남을 더럽힐 수도 없다. 인간은 오직 스스로 정화시킬 수 있으며 스스로 더럽힐 수 있다. 자신의 알아차림만이 자신을 구한다.

174. 행복의 조건

행복은 저절로 오지 않는다. 행복하려면 마음이 청정해야
한다. 마음이 청정하려면 먼저 대상을 있는 그대로 알아
차려야 한다. 대상을 있는 그대로 알아차리면 탐욕과 성
냄과 어리석음이 일어나지 않아 계율을 지키게 된다.

계율을 지켜 윤리관이 확립되지 않으면 마음이 혼란해서
행복할 수 없다. 계율이 해탈의 자유를 주지는 않지만 해
탈의 자유는 계율이 바탕이 되지 않으면 안 된다. 계율은
나를 불행으로부터 막아서 보호하는 수단이지 목표는 아
니다.

계율을 지키는 청정함이 있으면 마음이 청정해지고 지혜
가 나서 행복을 얻는다. 알아차림으로 계율을 지켜 무상,
고, 무아의 지혜를 얻으면 모든 번뇌가 소멸한 지고의 행
복을 얻는다.

175. 작용만 하는 마음

대상을 있는 그대로 알아차려서 이르는 마지막 마음이 있다. 올바르지 못한 마음도 소멸하고 올바른 마음도 소멸한 마음이다. 이 마음을 단지 작용만 하는 마음이라고 한다. 평소에 올바른 마음일 때는 올바르지 못한 마음이 함께 있다.

올바르지 못한 마음일 때 역시 올바른 마음이 함께 있다. 이 두 가지 마음은 동전의 양면처럼 붙어서 선한 마음이 아니면 선하지 못한 마음으로 교차한다. 아라한이 되면 선한 마음이나 선하지 못한 마음이 교차하지 않고 단지 대상을 아는 마음만 있다.

내가 없어 모든 이기심을 버린 마음은 존재하는 모든 생명에게 한량없는 자애를 갖는 완전한 선이다. 누구나 이 마음이 될 때까지 끊임없이 가야 한다.

176. 망각과 기억

자기 몸과 마음이 아프지 않으면 아픔으로 인해서 생긴
괴로움을 정확하게 알지 못한다. 오직 아픈 자만이 아픔
의 괴로움을 실감한다. 몸과 마음이 쾌유되면 아팠을 때
의 절박한 괴로움을 잊어버린다. 이것이 존재하는 생명의
성품인 무상이고 괴로움이며 무아다.

인간의 마음은 망각과 기억의 두 가지 기능을 가지고 있
다. 망각하기 때문에 새로운 삶을 살 수 있다. 망각하기
때문에 같은 실수를 거듭한다. 기억하기 때문에 새로운
삶을 살 수 없다. 기억하기 때문에 같은 실수를 거듭하지
않는다.

망각과 기억을 순기능으로 바꾸려면 무엇이나 있는 그대
로 알아차려야 한다. 두 가지를 법으로 알아차리면 잊을
것은 잊고 기억할 것은 기억한다.

177. 인간의 마음

인간의 마음은 청정한가, 부정한가? 윤회하는 인간은 선한 마음의 과보로 좋은 조건을 가지고 태어난다. 악한 마음의 과보로 나쁜 조건을 가지고 태어난다. 누구나 선한 마음과 악한 마음을 모두 가지고 있어 청정한 마음과 부정한 마음이 함께 있다.

인간은 태어날 때부터 무명과 갈애를 근본원인으로 태어나기 때문에 부정한 마음에서 자유롭지 못하다. 인간의 탐욕과 성냄과 어리석음은 오염된 마음이다. 오염된 마음은 부정한 마음으로 번뇌를 일으킨다.

대상을 있는 그대로 알아차리는 마음은 청정하다. 대상을 있는 그대로 알아차리지 못하는 마음은 부정하다. 대상을 있는 그대로 알아차리는 순간 부정한 마음이 청정한 마음으로 바뀐다.

178. 진실한 행복

인간의 행복은 감각적 욕망이지 진실한 행복이 아니다. 재산이 많거나 지위를 얻거나 명예를 얻거나 경쟁에서 이겼거나 원하는 것을 얻었다고 모두 행복한 것이 아니다. 이런 성취는 세속적인 것으로 무상한 것이며 환상적인 것이라서 오히려 괴로움을 준다.

가지면 가질수록 더 갖고 싶은 것이 세속의 감각적 욕망이다. 어리석으면 오히려 불행을 가져오는 것을 행복으로 알고 더욱 목말라 한다. 진실한 행복은 외부에서 얻는 것이 아니고 자신의 마음가짐에 있다.

선한 의도로 필요한 행동할 때 내가 있으면 감각적 욕망으로 발전한다. 단지 대상을 있는 그대로 알아차리고 행동할 때만이 내가 없어 욕망이 아닌 진실한 행복을 얻을 수 있다.

179. 거짓

남을 속이면 먼저 자기 자신을 속인다. 자기를 속이지 않으면 남을 속일 수 없다. 남을 속이면 나쁜 과보를 받지만 사실은 자기를 속이는 과보가 더 가혹하다. 남을 속여서 얻는 이익은 손실로 돌아온다.

하지만 자신을 속이는 것은 진실할 수 있는 기회를 저버리는 것으로 가장 어리석은 일이다. 남을 속이면 남으로부터 불신을 받지만 자신을 속이면 자기가 자기를 버린다. 자기를 믿지 못하는 인생은 무가치하다.

거짓으로 살면 거짓이 진실처럼 느껴지고 진실이 거짓처럼 느껴지는 허황된 인생이다. 진실하지 못하면 사랑이 없어 메마른 사막과 같다. 마음이 모든 것을 이끄는데 내 마음이 거짓으로 가득 찬 것보다 더 불행한 일은 없다.

180. 할 일과 결과

할 일을 하되 결과를 기대하지 말아야 한다. 결과를 기대하면 바라는 마음이 생겨 욕망으로 한다. 욕망으로 하면 집착을 하여 바람직한 결과를 얻을 수 없다. 단지 필요한 일이라서 하는 순수한 의도를 가지고 하면 욕망으로 하지 않는다.

어떤 결과를 기대하고 하면 대상을 바르게 판단을 할 수 없어 일을 그르친다. 일을 하려는 의도는 이익을 주지만 결과를 얻으려는 욕망은 피해를 준다. 할 일을 하고 결과를 기대하지 않을 때 괴로움이 없다.

할 일을 하고 결과를 기대하면 괴롭다. 괴로움은 다른 사람이 주는 것이 아니고 자신의 욕망이 만든 결과다. 선한 의도를 가지고 결과를 기대하지 않고 할 때만이 바람직한 결과를 얻을 수 있다.

181. 단순의 미학

단순함에서 청정이 나오고 복잡함에서 번뇌가 나온다. 단
순함에는 번뇌가 없고 복잡함에는 청정이 없다. 단순함에
깨달음을 얻는 통찰지혜가 있고 복잡함에 윤회를 거듭하
는 어리석음이 있다.

단순함은 무미건조해 보이지만 명쾌하여 대상을 꿰뚫어
보는 아름다움이 있다. 복잡함은 사변적이지만 혼란하여
뒤엉킨 실타래와 같다. 위빠사나 수행은 몸과 마음을 있
는 그대로 알아차리는 단순한 행위다.

탐욕이 있을 때는 단지 탐욕이 있는 것을 알아차린다. 성
냄이 있을 때는 단지 성냄이 있는 것을 알아차린다. 어리
석음이 있을 때는 단지 어리석음이 있는 것을 알아차린
다. 무엇을 도모하지 않는 단순함에서 통찰지혜가 나 번
뇌가 소멸한다.

182. 승리와 패배

대상을 있는 그대로 알아차리면 평등심이 되어 승리와 패배가 없다. 승리와 패배가 없으면 평화로워 괴로움이 없다. 출세간은 승리와 패배가 없고 단지 일어나고 사라지는 무상이 있다.

무상의 지혜가 나면 무아를 발견하여 해탈의 자유를 얻는다. 무아의 지혜가 나면 승리와 패배를 소유할 자아가 없어 집착이 끊어져 윤회의 원인이 소멸한다. 선입관을 가지고 대상을 보면 자아가 있어 승리와 패배가 있다.

승리와 패배가 있으면 다툼이 있어 괴롭다. 세간은 승리와 패배가 있어 지배자의 오만과 복종자의 굴욕이 있다. 세간의 승리와 패배는 영원한 것이 아니다. 승리했다고 계속 누리는 것도 아니고 패배했다고 계속 좌절하는 것도 아니다.

옹 달 샘 **07**

씨를 뿌린 자

씨를 뿌린 자가 수확을 할 때 같은 자인가?
씨를 뿌린 자가 수확을 할 때 다른 자인가?
일반적으로 씨를 뿌린 자가 수확하면 같은 자다.
법으로는 같은 자도 아니고 다른 자도 아니다.
같고 다른 것은 두 가지 극단이다.

183. 좋아함

모든 괴로움의 원인은 좋아하는 것 때문에 생긴다. 좋아하기 때문에 다른 것을 싫어하는 마음이 생겨 괴로움을 키운다. 좋으면 더 좋아하고 싶은 마음이 생겨 괴롭다. 좋아하는 것이 달아날 까봐 괴롭다. 좋아하는 것이 훼손될 까봐 반대되는 것을 싫어해서 괴롭다.

좋아하는 것에는 좋아하는 것만 있지 않고 여러 마음이 파생한다. 대상을 있는 그대로 알아차리면 대상이 법이 되어 좋아하고 싫어함이 없다. 좋아하고 싫어함이 없으면 집착을 하지 않아 괴로움이 소멸한다.

대상을 자기 기준으로 보면 주관적 견해로 보아 좋아하고 싫어함이 있다. 좋아할 때는 좋아하는 것을 알아차리고 싫어할 때는 싫어하는 것을 알아차려야 괴롭지 않다.

184. 오해

오해는 오해하는 자의 것이지 오해를 받는 자의 것이 아니다. 내가 남을 오해해서 잘못된 판단을 하는 것은 나의 잘못이지 남의 잘못이 아니다. 남이 나를 오해해서 잘못된 판단을 하는 것은 남의 잘못이지 나의 잘못이 아니다.

무슨 일이나 자기 기준으로 판단하면 항상 오해가 따른다. 내가 한 행위에 대한 과보는 그림자처럼 나를 따라다닌다. 내 기준으로 판단하는 것은 나의 견해지 상대의 입장과는 무관하다. 내 기준만 있고 상대의 입장이 없으면 독단에 빠져 서로 소통하지 못한다.

대상을 있는 그대로 알아차리면 나와 남이 없고 오직 하나의 진실한 현상만 있다. 있는 그대로의 사실만 있을 때 저마다의 아름다운 삶이 존중된다.

185. 괴로움의 진실

욕망의 크기만큼 괴로움을 겪고 어리석음의 깊이만큼 괴로움을 겪는다. 괴로움은 누가 준 것이 아니다. 나의 괴로움은 어느 날 우연히 생긴 것이 아니다. 내가 과거에 행한 원인으로 인해서 생긴 현재의 결과다.

괴로움은 괴롭히기 위해서 나타난 것이 아니다. 지금 여기에 괴로움이 있으니 와서 보라고 나타났다. 와서 보라고 나타난 괴로움을 있는 그대로 알아차리면 괴로움이 하나의 대상으로 바뀐다. 이렇게 해야 괴로움의 진실을 알 수 있다.

괴로움의 진실이 무엇인지를 아는 지혜가 날 때만이 괴로움으로부터 벗어날 수 있다. 괴로움을 회피하거나 모면하려고 해서는 더 깊은 괴로움의 나락으로 떨어져 신음한다.

186. 아는 자

사물의 궁극의 이치를 아는 자는 진리를 안다고 말하지 않는다. 아직 진리를 완전하게 모르는 자가 안다고 한다. 아는 자는 지혜가 나서 존재의 성품인 무상, 고, 무아를 알지만 완전하게 알지 못해서 안다고 말하지 않는다.

모르는 자는 어느 한 부분을 생각으로 알아서 마치 모든 것을 아는 것처럼 느껴서 안다고 한다. 지혜로 알아야 바르게 알지만 완전한 지혜가 나기까지는 많은 단계가 있어서 안다고 말하지 못한다.

지식으로 아는 자는 남을 말을 통해서 알거나 생각으로 아는 것을 안다고 말한다. 남이 지혜가 나서 말하거나 지식으로 알아서 말하거나 모두 내 것이 아니다. 오직 나의 체험을 통해서 생긴 지혜로 알아야 완전한 진리다.

187. 있는 그대로

법은 있는 그대로의 사실이다. 있는 그대로의 사실은 진실이다. 누구나 자기 견해로 보기 때문에 몸과 마음을 있는 그대로 보지 못한다. 있는 그대로 보면 바라는 마음이 있고, 내 마음대로 되지 않아 괴로움이 있다.

바라는 마음과 괴로움이 있는 것을 아는 것이 진실을 아는 것이다. 진실은 있는 그대로 보는 자에 의해 발견된다. 진실이 발견되었기 때문에 치유 방법도 있다. 바라는 마음으로 인해서 생긴 괴로움은 오직 있는 그대로 알아차리는 방법에 의해서만 치유된다.

바라는 마음이 있을 때 바라는 마음이 있는 것을 알아차린다. 괴로움이 있을 때 괴로움이 있는 것을 알아차린다. 단지 대상과 아는 마음만 있을 때 청정하다.

188. 씨를 뿌린 자

씨를 뿌린 자가 수확을 할 때 같은 자인가? 씨를 뿌린 자가 수확을 할 때 다른 자인가? 일반적으로 씨를 뿌린 자가 수확하면 같은 자다. 법으로는 같은 자도 아니고 다른 자도 아니다. 같고 다른 것은 두 가지 극단이다.

같지도 다르지도 않은 것이 중도다. 몸과 마음은 매순간 일어나고 사라져서 같은 몸과 마음이 아니다. 몸과 마음이 변하지 않고 항상 하다고 하면 잘못된 견해인 상견이다. 세상의 모든 것이 한 번으로 끝난다고 하면 잘못된 견해인 단견이다.

같지도 다르지도 않은 중도일 때 원인과 결과다. 과거와 현재가 다르지만 원인이 상속되어 결과가 된다. 과거와 현재가 같지는 않지만 도덕적 책임이 따라오는 것이 인과보응보다.

189. 마음과 몸의 병

마음이 몸을 이기지 못하고 몸이 마음을 이기지 못한다. 마음의 생명력과 몸의 생명력이 조화를 이루어야 괴로움이 없다. 마음과 몸의 충돌로 인한 불균형은 모든 병의 원인이며 결국에는 슬픈 죽음이 뒤따른다.

마음이 탐욕과 성냄과 어리석음에 물들면 몸이 병든다. 병든 몸이 다시 마음에게 가혹한 형벌을 준다. 마음은 마음에 알맞은 바른 조건이 성숙되어야 한다. 마음을 있는 그대로 알아차리면 알맞은 조건이 성숙된다.

몸은 몸에 알맞은 바른 조건이 성숙되어야 한다. 몸을 있는 그대로 알아차리면 알맞은 조건이 성숙된다. 마음과 몸의 균형 잡힌 조건이 성숙되면 관용과 자애와 지혜가 생겨 고통을 극복하고 새로운 희망이 있다.

190. 몸과 마음의 기능

몸은 정교한 조직이고 마음은 정처 없는 방랑자다. 몸에서 생기는 병은 정교한 조직을 제대로 돌보지 않은 속절없는 마음 때문이다. 원인이 없는 결과는 없다. 몸은 마음을 토대로 있으면서 바르게 기능을 하려는 구심력이 있다.

마음은 몸을 토대로 있으면서 바르게 기능을 하지 않으려는 원심력이 있다. 바르게 기능하려는 몸과 바른 것에서 벗어나려는 어리석음과 욕망이 있는 마음이 부딪쳐 병을 만든다. 병은 우연히 생긴 것이 아니고 몸과 마음의 부조화에서 필연적으로 온다.

마음은 저 스스로 움직일 수가 없는 앉은뱅이라서 항상 몸을 혹사시킨다. 몸은 저 스스로 볼 수 없는 장님이라서 어쩔 수 없이 마음에 이끌려 고통을 겪는다.

191. 내가 있는 순간

내가 있는 순간에는 반드시 괴로움이 있다. 내가 있으면 나를 위해 탐욕이 생긴다. 탐욕이 충족되지 않으면 화를 낸다. 내가 있다는 생각으로 인해 탐욕과 성냄이 일어나 자신을 괴롭히는 것이 어리석음이다.

내가 있으면 남보다 우월해야 하기 때문에 경쟁을 한다. 경쟁을 하면 나보다 못한 사람에 대해서는 멸시하는 마음이 생긴다. 나보다 나은 사람에 대해서는 상대를 비난하거나 자기를 비하한다.

내가 있으면 나와 남을 비교하여 아만심을 키운다. 잘못된 어리석음을 뒤에서 조정하는 것이 자아다. 몸과 마음을 있는 그대로 알아차리면 조건에 의해 일어나고 사라지는 현상만 있지 나라고 할 만한 것이 없다. 내가 없을 때만 평화가 있다.

192. 나에 대해서

나에 대해서 전부 아는 것 같지만 가장 중요한 진실은 모른다. 내가 형상을 볼 때 눈으로 보고 아는 것으로 생각한다. 눈은 대상과 접촉하는 감각기관의 하나일 뿐이다. 눈은 눈알과 여러 가지 신경조직으로 구성되어 있는 물질이다.

눈으로 대상을 보고 무엇이라고 알 때는 네 가지 조건이 갖추어져야 한다. 눈과 대상과 빛과 아는 마음이 있어야 보고 아는 것이 성립된다. 이중에 한 가지만 빠져도 보고 아는 것이 성립될 수 없다.

그러므로 눈으로 보고 아는 것이 아니고 네 가지 조건이 충족되어서 아는 것이다. 여기에 보고 아는 것을 지배하는 자아는 없다. 네 가지 조건이 갖추어져서 아는 것에 단지 원인과 결과가 있을 뿐 나는 없다.

193. 말하고 듣기

지금까지 수많은 말을 하며 살았는데 주로 무슨 말을 했는가? 내 자랑을 하려고 자기주장만 펴는 말을 하지 않았는가? 내 욕심만 부리며 화를 내는 말을 하지 않았는가? 과연 남을 진심으로 이해하고 배려하는 말을 한 적이 얼마나 되는가?

내가 선하지 못하면 항상 내 주장을 펴는 말을 하고 살았을 것이다. 내가 선하면 항상 남을 배려하는 말을 하고 살았을 것이다. 지금까지 남이 하는 수많은 말을 들으며 살았는데 그때마다 어떻게 반응을 했는가?

남의 말을 들으면서 내가 할 말만 생각하지는 않았는가? 과연 남이 말할 때 있는 그대로 들어본 적은 있었는가? 말하고 듣는 것에 알아차림이 없으면 온통 나만 존재하여 독선에 빠진다.

194. 꽃을 보내며

비가 꽃을 피우더니 다시 비가 꽃을 가져간다. 막 피기 시작한 목련이 비로 인해 짧은 한 때를 보냈는데 막 피기 시작한 능소화가 간밤에 내린 비로 바닥에 수북하게 누워있다. 일 년을 기다리다 핀 꽃이 미처 자태를 뽐내지도 못하고 쓰러져 버렸다.

꽃은 오래 갈 수가 없어 더 강렬한 아름다움을 뽐내는가보다. 그간에 산수유, 개나리, 진달래, 철쭉, 목련, 벚꽃을 쉽게 보냈는데 이제 우거진 능소화도 내 품을 떠나고 있다. 일어나는 조건이 생명을 가져오고 사라지는 조건이 생명을 가져간다.

일어나는 조건이 있으면 사라지는 조건이 있다. 일어남만 있고 사라짐이 없을 수 없지만 더 오래 함께 있기를 바라는 마음은 못내 아쉽기만 하다.

195. 지식과 지혜

지식으로 아는 것은 진실이 아니다. 지식은 남의 말을 듣고 생긴 견해며 생각으로 내린 결론이다. 지식은 관념으로 아는 사변적인 것이라서 상황에 따라 변한다. 상황에 따라 변하면 대상의 본질이 아닌 표피적으로 아는 것이다.

지식으로 아는 것을 내가 안다고 여기면 진실을 알 수 있는 기회가 없다. 지혜로 아는 것은 실재를 알아서 진실을 안다. 지식으로 아는 것은 세간의 앎이고 지혜로 아는 것은 출세간의 앎이다.

세간의 앎은 괴로움에서 벗어나지 못하고 윤회를 한다. 출세간의 앎은 괴로움에서 벗어나 윤회가 끝난다. 지식이 지혜로 바뀌려면 자기 몸과 마음을 있는 그대로 알아차려서 존재의 특성인 무상, 고, 무아를 알아야 한다.

196. 인간의 마음

생명이 존재하는 31개의 세계에서 인간의 마음이 가장 강력하다. 인간은 가장 선하거나 가장 악한 두 가지 마음을 함께 가지고 있다. 모든 생명 중에서 인간만 행복과 불행을 교차하며 경험한다.

선한 마음이면 불행이 행복으로 바뀐다. 악한 마음이면 행복이 불행으로 바뀐다. 선한 마음일 때는 관용, 자애, 지혜가 생겨 고귀한 평화를 누린다. 지혜가 있는 인간만 깨달음을 얻어 윤회를 종식시킬 수 있다.

악한 마음일 때는 탐욕, 성냄, 어리석음이 생겨 잔인한 살생도 주저하지 않는다. 선하거나 악한 마음으로 하는 모든 행위는 인과응보의 영향을 받는다. 부모가 자식을 죽이는 것도 업의 과보다. 자식이 부모를 죽이는 것도 업의 과보다.

197. 악한 의도

남에게 악한 의도를 가지면 정신적 함양을 가로막는다. 악한 의도는 선하지 못한 마음으로 화를 내는 마음이다. 화를 내면 분노의 불길에 휩싸인 과보로 먼저 자신이 피해를 본다. 화를 내는 순간의 마음은 고요하지 못하고 흥분한 상태라서 객관적 진실을 볼 수 없다.

내 견해와 다른 견해를 가진 사람을 미워하는 것이 악한 의도다. 내가 옳다고 여기는 사람을 비난해서 미워하는 것도 악한 의도다. 정의라는 이름으로 상대의 잘못을 비난하지만 미워하는 마음이 있으면 결코 정의가 아니다.

상대의 잘못을 연민의 마음으로 동정하는 것이 정의의 구현이다. 미워하는 것을 집착해서 계속하면 미워하는 것을 좋아하는 욕망의 노예다.

198. 음식을 먹을 때

음식을 먹을 때 먼저 무슨 마음으로 먹는지 알아차려야 한다. 그런 뒤에 먹는 것을 하나하나 알아차려야 한다. 알아차리지 못하면 탐욕과 성냄과 어리석음으로 먹는다. 알아차리고 먹으면 살기 위해서 먹는다.

알아차리지 못하면 죽기 위해서 먹는다. 모든 음식을 전부 먹을 수 있는 것이 아니다. 음식을 통해 건강을 찾지만 절제하지 않으면 죽음으로 간다. 음식은 알맞게 먹어야지 배부르게 먹어서는 안 된다.

음식은 재료 맛으로 먹어야지 자기 입맛으로 먹어서는 안된다. 음식은 때가 아닌 때 먹어서는 안 된다. 알아차리면 욕망이 절제되어 몸과 마음이 청정하다. 알아차리지 못하면 절제가 되지 않아 모든 병을 일으키는 원인이 된다.

199. 욕망

욕망은 한순간에 불꽃처럼 타올라 몸과 마음을 불태운다. 욕망을 절제하려면 욕망이 일어난 마음을 알아차려야 한다. 욕망이 일어난 마음을 알아차리면 욕망이 연기처럼 사라진다. 마음은 매순간 일어나고 사라진다.

욕망이 일어난 것을 알아차리면 있던 마음은 사라지고 새로운 마음이 일어난다. 알아차린다고 해서 욕망이 완전하게 소멸하는 것은 아니다. 사물의 궁극의 이치를 아는 지혜가 나야 욕망이 완전하게 소멸한다.

욕망의 근본원인은 어리석음이고 직접원인은 내가 있다는 생각 때문이다. 욕망은 감각기관이 대상과 접촉해서 일어나는 한순간의 느낌으로 나의 욕망이 아니다. 욕망이 있으면 눈이 먼 사람이 길을 가는 것과 같다.

200. 알아차림

알아차림은 깨어서 대상을 지켜보는 선한 행위다. 알아차림은 감각기관의 문을 지키는 문지기의 역할을 한다. 알아차림이 문을 지키면 탐욕, 성냄, 어리석음이란 번뇌가 침투하지 못해 몸과 마음이 청정하다.

알아차리면 눈을 감고도 진실을 본다. 알아차리지 못하면 눈을 뜨고도 진실을 보지 못한다. 진실을 보면 괴롭지 않고 진실을 보지 못하면 괴롭다. 알아차리면 현재의 대상을 있는 그대로 본다.

있는 그대로 볼 때만 대상의 성품을 아는 지혜가 나 윤회의 고통에서 벗어난다. 알아차리지 못하면 과거의 후회와 미래의 두려움으로 대상을 바르게 보지 못해 윤회의 고통을 겪는다. 알아차림만이 나를 보호하여 피안의 세계로 이끈다.

201. 이상과 현실

무모한 일을 했을 때는 이상이 눈을 가려 괴로움을 모른다. 현실로 돌아왔을 때는 실재하는 진실이 드러나 괴로움을 안다. 바라는 마음이 있으면 현실이 보이지 않는다. 바라는 마음은 꿈이고 현실은 실재라서 진실이 드러나기 마련이다.

이상은 아름다워 괴로움을 모르지만 현실은 간단하지 않아 숨어있던 괴로움이 나타난다. 좋아하는 것에는 반드시 괴로움이 있다. 좋아하는 것은 집착하기 마련이다. 집착은 내 뜻대로 되기를 바라는 탐욕이라서 끝이 좋지 않다.

이상과 현실은 항상 괴리가 있다. 이 괴리가 바로 괴로움이다. 이 괴리로 인해 괴로움이 있는 것을 아는 것이 지혜다. 괴로움이 있는 것을 알아야 또 괴로운 일을 꾸미지 않는다.

202. 죽음과 태어남

인간은 죽은 뒤에 업의 결과대로 태어난다. 죽을 때의 마음에 따라 재생연결식이 생기고 태어나는 세계가 결정된다. 죽을 때의 마음은 인식할 수 없어 자기 마음대로 할 수 없다. 선하게 살면 죽을 때 선한 마음을 가져 좋은 생을 받는다.

악하게 살면 죽을 때 악한 마음을 가져 나쁜 생을 받는다. 살생하면 지옥에 태어나고, 우매하면 짐승으로 태어나고, 인색하면 아귀로 태어난다. 화를 내면 아수라로 태어나고, 계율을 지키면 인간으로 태어나고, 선정을 닦으면 천인으로 태어난다.

존재의 성품인 무상, 고, 무아를 알아 집착이 끊어지면 윤회가 끝난다. 인간이 다음 생에 가지고 가는 것은 재산이나 가족이 아니고 자기가 지은 업의 과보다.

203. 무상과 무아

어느 날 좋아하던 일이 갑자기 싫어진다. 가치관이 변하면 한순간에 흥미를 잃는다. 마음은 매순간 일어나고 사라지기 때문에 조건에 따라 변한다. 좋아하는 마음과 싫어하는 마음 중에서 어느 마음이 나의 마음인가?

어느 날 항상 하던 일이 전혀 새롭게 느껴진다. 마음은 무상하기 때문에 같은 마음이 아니다. 이전의 마음과 현재의 마음 중에서 어느 마음이 나의 마음인가? 마음은 매순간 변하므로 나의 마음이라고 할 것이 없다.

마음은 있지만 내 마음대로 할 수 없어 무아다. 내 마음이 있다면 '몸아 아프지 마라' 라고 하면 아프지 않아야 한다. 죽을 때 '계속 호흡을 해라' 라고 하면 계속해야 한다. 내가 소유하는 그런 마음은 없다.

204. 어둠에 있는 자

바르지 못한 일을 하는 자를 미워하지 말고 동정하라. 그가 어리석은 마음에서 부디 현명한 마음을 가진 자가 되기를 바라라. 남의 잘못을 미워하면 공연히 내가 나빠진다. 남의 잘못을 미워하지 않고 자애를 가지면 오히려 내가 좋아진다.

잘못한 것은 남인데 나까지 잘못하는 것은 어리석은 일이다. 남의 잘못을 미워하면 나도 남과 똑같은 자다. 나도 과거에는 몰랐다. 이제는 남에게 자애와 연민을 보낼 수 있는 행복한 자다.

몰라서 바른 일을 하지 않는 자는 진정으로 뉘우치지 않는다. 잘못을 뉘우칠 줄 아는 자는 크게 잘못된 일을 하지 않는다. 잘못된 일을 하고 뉘우치지 않는다고 화를 내서도 안 된다. 그는 아직 깊은 어둠에 있다.

205. 복을 바라는 마음

복을 바라는 마음이 자신을 더욱 어리석게 한다. 복은 누가 주는 것이 아니다. 허망한 기대에 매달려 살면 노예나 마찬가지다. 누가 복을 준다면 그에게 매달려 복종만 하면 될 것이다. 복을 바라는 것이나 복권에 일등으로 당첨되기를 바라는 것이나 다를 것이 없다.

절박한 상황에서 기대하는 마음으로 괴로움을 극복할 수도 있지만 결국에는 기대로 그쳐 근본적인 해결책이 아니다. 복은 스스로 노력해서 만들어야 한다. 요행을 바라는 것은 게으른 자의 습관이다.

세상의 이치는 원인과 결과다. 선한 원인이 있어서 행복한 결과가 있다. 악한 원인이 있어서 불행한 결과가 있다. 현상계의 질서는 오직 원인과 결과의 과정 안에서 이루어진다.

206. 옥의 티

과거에 잘못을 했다고 모든 기회를 박탈해서는 안 된다. 과거에 잘못하지 않은 자가 없다. 세간은 잘못이 낙인이고 출세간은 잘못이 과정이다. 모든 성자도 과거의 잘못에서 벗어난 분이다.

인간은 선한 마음과 악한 마음을 동시에 가지고 있다. 어리석어서 윤회하는 생명으로 태어났다. 과거의 잘못이 성장통일 경우에는 용서해야 한다. 인간의 잘못은 번뇌가 사라진 단지 작용만 하는 마음을 갖기 위한 과정이다.

인간이 처음부터 티가 없는 옥이 되는 것은 불가능하다. 티가 없는 완전한 옥을 원하는 것이 병일 수 있다. 잘못하고 개선될 여지가 없는 것과 개선될 여지가 있는 것은 다르다. 분노와 단죄가 관용과 자애를 이기지 못한다.

207. 매듭

자신의 행위를 원인으로 결과가 생긴다. 원인은 행위고 결과는 매듭이다. 자신의 행위에 따라 매듭을 만들거나 풀기도 한다. 악한 행위는 매듭을 만들고 선한 행위는 매듭을 푼다. 매듭이 생기면 불행하고 매듭이 풀리면 행복하다.

분노와 한이 맺히면 매듭이 생기고 관용과 자애가 있으면 매듭이 풀린다. 매듭이 있으면 마음이 감각기관의 문을 통과하지 못해 소통하지 못한다. 매듭이 없어야 마음이 감각기관의 문을 통과하여 소통을 한다.

자연스러운 흐름이 막혀 소통하지 못하면 몸과 마음이 병들고 소통을 하면 청정하다. 매듭을 풀려면 몸과 마음을 있는 그대로 알아차려야 한다. 인간으로 태어난 사명은 매듭을 풀어 자유를 얻는 것이다.

208. 욕망의 진실

좋아하는 것은 느낌이고 좋아하는 것을 더 좋아하는 것
은 감각적 욕망이다. 감각적 욕망을 멈추지 않는 것이 집
착이다. 감각적 욕망을 집착하면 욕망에 중독된 자다. 욕
망에 중독되면 이성이 마비되어 옳고 그름을 판단하지
못한다.

판단력이 흐리면 자기 주장만하는 어리석은 자다. 어리석
음보다 더 큰 병은 없다. 어리석음은 바른 것을 부정하기
때문이다. 어리석으면 당장의 즐거움은 있지만 몸과 마음
이 오염되어 고통을 겪는다.

어리석음을 깨우치는 것은 오직 지혜밖에 없다. 어리석은
자가 지혜를 얻는 것은 동굴에서 출구를 찾는 것처럼 어
렵다. 선한 일을 한 공덕이 있어야 동굴에서 출구를 찾는
한줄기의 빛을 발견할 수 있다.

209. 열정과 욕망

죽으면 썩을 몸이라고 생각해서 무리하게 일하면 죽기 전에 몸이 썩는다. 무리하다 몸이 병들면 오히려 할일을 못한다. 열정으로 하는 것과 무리하게 하는 것은 다르다. 열심히 하는 것도 지나치면 욕망으로 한다.

있는 그대로 알아차려서 제어가 되지 않으면 열정으로 하는 일이 욕망이 되어 집착을 한다. 욕망이 있는 한 어리석기 때문이다. 몸이 병들면 마음이 위축되고 초라해진다. 마음이 위축되면 몸뿐만 아니라 마음도 병들어 어쩔 수 없이 죽음을 기다리는 수밖에 없다.

몸져누우면 아무 것도 소용이 없다는 것을 안다. 하지만 이것은 생각으로 아는 것이라서 완전하게 아는 것이 아니다. 몸져누워 괴로움을 겪어야 비로소 진실을 안다.

210. 나

내가 있다고 생각하면 내가 우월하다고 여겨 교만하다. 내가 우월하지 못하면 화를 내고 자기비하를 하며 괴로워한다. 나보다 우월해 보이는 사람에게는 질투를 하고 비난한다. 내가 있다고 생각하면 나는 모든 불행에서 예외라고 여긴다.

나는 어떤 사고도 나지 않고 어떤 위험한 병도 생기지 않을 것이라고 여긴다. 세상에서 일어나는 끔찍한 사고도 다 남의 일이고 생명을 빼앗는 병도 다 나와는 상관없는 일로 여긴다. 나뿐만 아니고 우리 가족도 모든 불행에서 예외라고 여긴다.

내가 있어서 우월하면 항상 일등을 하고 모든 시험에 합격하고 우선적으로 진급하고 돈을 많이 벌고 어떤 병도 걸리지 않아야 한다. 과연 그런 나는 있는가?

211. 일상의 괴로움

괴로움 중에서 일상의 괴로움은 자기 뜻대로 되지 않아서 생긴다. 사소한 일에도 내 뜻과 상대의 뜻이 다르면 화가 난다. 내 뜻과 상대의 뜻이 다른 것을 극복하지 못하면 부질없는 세상의 일에 대해서도 화를 낸다.

내가 힘들면 더욱 화를 낸다. 내가 있는 한 화가 나지 않을 수 없다. 내 뜻은 나의 기준이고 나의 기준은 모든 것에서 내가 우선하려는 자존심이다. 자존심은 바꾸기 어려운 무서운 고정관념이다.

누구나 업이 달라서 견해가 다를 수밖에 없다. 서로 다른 불가피한 견해를 존중하지 않는 것이 독선이다. 일상의 괴로움은 내가 어리석어서 만든 것이다. 무엇이나 자기 기준에서 보지 말고 있는 그대로 받아들이면 괴롭지 않다.

212. 몸과 마음

젊어서는 몸이 마음에 의지해서 산다. 나이가 먹으면 마음이 몸에 의지해서 산다. 젊어서는 마음이 앞서가고 몸이 따라간다. 나이가 먹어서는 몸이 앞서가고 마음이 따라간다. 젊어서는 몸에 병이 없어 마음이 자유롭다. 나이가 먹으면 몸에 병이 생겨 마음이 자유롭지 못하다.

젊어서는 마음이 몸을 구속한다. 나이가 먹으면 몸이 마음을 구속한다. 젊어서는 몸의 중요성을 잘 모른다. 나이가 먹어서는 몸의 중요성을 절실하게 안다. 젊어서 몸을 혹사하면 나이가 먹어 마음이 혹사당한다.

인간이 몸과 마음을 돌보지 않는 것은 자기 인생을 돌보지 않는 것이다. 어느 때나 몸과 마음을 있는 그대로 알아차려야 서로 조화를 이루어 행복하다.

213. 기억이 과보다

누구나 자신의 행위로부터 자유롭지 못하다. 자신의 행위를 기억하기 때문이다. 자신이 한 행위를 기억하는 것이 과보를 받는 것이다. 과거에 좋은 행위를 했으면 좋은 기억을 해 선한 과보를 받는다. 과거에 나쁜 행위를 했으면 나쁜 기억을 해 악한 과보를 받는다.

기억을 하는 것이 과보다. 좋은 행위를 기억하면 즐겁고 나쁜 행위를 기억하면 괴롭다. 인간은 좋은 행위보다 나쁜 행위를 더 많이 기억해 즐거울 때보다 괴로울 때가 많다. 인간은 무명과 갈애를 근본원인으로 태어났다.

바른 가르침을 배우지 않으면 어리석음과 욕망으로 살아 나쁜 행위를 더 많이 한다. 있는 그대로 알아차리는 바른 행위를 하면 좋은 기억을 해 행복하다.

214. 성공의 함정

세속의 성공은 부귀영화다. 부귀영화에는 함정이 있다. 남과 경쟁해서 성공하려면 남다른 노력을 해야 한다. 남보다 더 빨리 더 많이 더 높게 이르려면 좌우를 돌아볼 기회가 없어 이기적인 자가 된다. 이러한 부귀영화는 성공이 아니고 함정에 빠진 것이다.

함정에 빠진 자의 마음은 독선, 아만, 방종, 우월, 폭력, 거짓으로 가득 차 있고 우울증까지 있다. 어쩌다 관대함을 보이는 것은 자기 과시고 우울증을 해소하려는 방편이다. 성공한 자는 남이 없고 오직 자신밖에 없어 소통을 모른다.

세속의 잘못된 성공은 몸과 마음을 병들게 해 성공이 아니다. 출세간의 성공은 겉으로 드러난 것에 있지 않고 내면의 고요함으로 평화를 추구한다.

옹달샘 **08**

인간은 선한 마음도 있고 악한 마음도 있다.
세상은 선한 일도 있고 악한 일도 있다.
선한 마음은 선을 유지하려고 노력하지만
악한 마음을 숨기고 선을 가장하기도 한다.
악한 마음은 악을 유지하려고 노력하지만
선한 마음을 숨기고 악을 가장하기도 한다.

215. 젊음과 늙음

젊을 때는 젊음이 무엇인지 모른다. 인생의 경험이 없기 때문이다. 젊음은 몸과 마음이 성장하는 시기라 앞만 보아서 현재를 돌아볼 여유가 없다. 늙었을 때라야 늙은 것이 무엇인지를 안다.

인생을 경험했기 때문이다. 늙음은 마음에서 오는 것이 아니고 몸에서 온다. 마음은 물질이 아니라 늙지 않는다. 체력의 한계가 와서 마음도 한계를 느껴 늙었다고 생각한다. 마음까지 늙으면 죽음을 향해서 가는 절박함이 엄습해 온다.

늙어서 죽음이 무엇인지를 알아도 달리 비켜갈 길이 없다. 젊으면 젊음의 가치를 몰라서 대처하지 못한다. 늙으면 늙음이 무엇인지 알아도 달리 대처할 길이 없다. 모르거나 알아도 어쩌지 못하는 것이 인생이다.

216. 바른 일

바르다고 판단해서 하는 일도 다시 한 번 알아차리고 해야 한다. 하물며 바르지 못한 일은 더 말할 나위 없다. 바르지 못한 일이라고 여겨도 생각으로 판단할 때는 습관적으로 하게 되거나 감각적 욕망의 유혹을 이겨내지 못한다.

바르다고 판단해도 내 기준에서 바르다고 한 것이다. 자기 판단이 객관성이 있는지 확신할 수는 없다. 그간 바르다고 생각해서 한 말이나 행위가 지나고 나서 부끄럽고 후회하는 일이 얼마나 많았는가?

지금까지 모르고 한 일은 어쩔 수 없다. 이제부터라도 알아차려서 같은 실수를 하지 않아야 한다. 바르지 못한 일을 생각으로 알아서는 끊지 못한다. 있는 그대로 알아차려서 지혜가 나야 완전하게 끊을 수 있다.

217. 중도

견해가 바르지 못하면 자신이나 남에게 해로움을 준다. 지식이 있다고 견해가 바른 것이 아니다. 지혜가 있어야 견해가 바르다. 견해가 바르지 못하면 삿된 길을 가고 견해가 바르면 바른 길을 간다.

지식이 있으면 나와 남에게 이로움을 주지만 오히려 지식을 이용하여 모두에게 해로움을 줄 수 있다. 지식의 유무로 개인의 가치를 평가해서는 안 된다. 지혜의 유무로 개인의 가치를 판단해야 한다.

지식이 있는 자는 자아가 있다. 내가 있으면 독선적이라 소통을 못하고 자기 이익을 위해 남을 위하는 것처럼 꾸민다. 지혜가 있는 자는 무아다. 내가 없기 때문에 대상을 있는 그대로 알아차린다. 대상을 있는 그대로 알아차리는 것이 중도다.

218. 어리석음

모든 괴로움의 원인은 나의 어리석음이다. 나의 시작도 어리석음이고 중간도 어리석음이고 끝도 어리석음이다. 어리석어서 태어나 어리석게 살다 어리석게 죽는다. 어리석으면 욕망을 버리지 못해 다시 태어난다.

지혜가 있으면 욕망을 버려 다시 태어나지 않는다. 어리석음은 나의 것이지 남의 것이 아니다. 나는 혼자 태어나 혼자 살다 혼자 죽는다. 누구도 태어남과 삶과 죽음에 개입할 수 없다.

누구도 나를 구원하지 못하고 파멸시키지 못한다. 나의 문제는 오직 나에 의해서 극복될 수 있거나 그대로 방치될 수 있다. 어리석음은 생명을 연장하는 힘이다. 어리석음은 혼자 있지 않고 항상 탐욕과 성냄과 게으름과 자아가 함께 있다.

219. 좋아하면 괴롭다

좋아하는 것이 있으면 싫어하는 것이 생겨 괴롭다. 좋아하면 더 좋기를 바라는 욕망이 생겨 괴롭다. 좋아하는 느낌이 욕망과 결합하면 집착을 하여 습관이 된다. 좋아하는 것을 집착하여 습관이 되는 것이 중독이다.

좋아하는 것이 즐거움이고 싫어하는 것이 괴로움이다. 좋아하는 것이 있어서 괴로움이 있다. 좋아하지 않으면 싫어할 것이 없어 괴롭지 않다. 좋아하지 않고 살 수는 없다. 하지만 좋아하는 것을 집착해서는 안 된다.

좋을 때는 단지 좋고 말아야 한다. 좋은 느낌은 한순간에 일어나서 사라진다. 좋은 느낌은 감각기관이 느끼는 것이지 나의 느낌이 아니다. 좋아하는 것을 있는 그대로 알아차려야 괴로움의 덫에 걸리지 않는다.

220. 어리석음과 지혜

어리석으면 자기 잘못을 모두 남의 탓으로 돌린다. 자아가 있기 때문이다. 어리석으면 내가 있고 내가 있으면 본능적으로 자기를 보호하기 위해 문제의 원인을 남에게로 돌린다. 때로는 자기 탓이라고 알고 자기를 비하하지만 이것조차도 자아가 있어서 그렇다.

지혜가 나서 자아가 없다고 알면 남의 탓도 아니고 그렇다고 내 탓도 아니다. 단지 조건에 의해 일어나고 사라지는 순간의 마음만 있을 뿐이다. 남을 비난할 때는 아직 자아가 있기 때문이다.

자아가 없다고 알면 나도 없어서 남도 없다고 알아 내가 오만하지 않아 남도 비난할 필요가 없다. 무엇이 되려고 하지마라. 무엇이 되려고 하는 것이 자아가 있어서 생긴 어리석은 욕망이다.

221. 번뇌의 소멸

한순간의 부주의로 실수를 한다. 실수를 하고 화를 낸다. 집중하지 못한 마음과 실수하고 화를 내는 마음은 같으면 서도 다르다. 마음이라는 것은 같지만 집중하지 못한 마음과 화를 내는 마음은 다른 마음이다.

마음은 매순간 일어나고 사라져서 무상하며 다른 마음이 라서 무아다. 마음은 대상을 아는 기능을 하는데 조건에 따라 아는 것이 다르다. 행위를 할 때 다른 생각을 하면 대상과 아는 마음이 일치하지 않아 다른 결과가 생긴다.

세상의 모든 잘못이 이런 부주의로 인해서 생긴다. 수행은 하는 일에 마음을 기울여 일치시키는 행위다. 이때 필요한 것이 알아차림이다. 알아차림에 의해서 집중력이 생기면 지혜가 나 번뇌가 소멸한다.

222. 인간의 마음

31개 존재계의 생명 중에서 오직 인간만 가장 강력한 마음을 가지고 있다. 인간의 마음이 선할 때는 깨달음을 얻은 성자가 되어 윤회가 끝나거나 남에게 아낌없이 베풀고 사랑하는 마음을 갖는다.

인간의 마음이 악할 때는 흉악한 악마가 된다. 악마의 마음은 잔인하게 살생을 하고 양심이 없고 수치심이 없다. 인간의 마음은 흰 것을 검다고 하거나 검은 것을 희다고 할 수 있다. 당신이 어떻게 선한 마음을 가졌냐고 하지마라. 인간이라서 가장 선한 마음을 가졌다.

당신이 어떻게 악한 마음을 가졌냐고 하지마라. 인간이라서 가장 악한 마음을 가졌다. 인간은 성자의 마음과 악마의 마음을 자신이 선택해서 갖고 이 과보를 받아 행복과 불행을 겪는다.

223. 자유

인간은 선한 마음도 있고 악한 마음도 있다. 세상은 선한 일도 있고 악한 일도 있다. 선한 마음은 선을 유지하려고 노력하지만 악한 마음을 숨기고 선을 가장하기도 한다. 악한 마음은 악을 유지하려고 노력하지만 선한 마음을 숨기고 악을 가장하기도 한다.

선과 악에서 벗어나 완전한 자유를 얻으려면 작용만 하는 마음으로 있는 그대로 알아차려야 한다. 선과 악에서 벗어나려면 본능을 따르지 말고 내 안에 있는 진실한 소리를 들어야 한다. 어리석음과 욕망이 지배하면 마음이 들떠 내 안에 있는 소리를 듣지 못한다.

악은 밖에 있지 않고 내 마음에 있다. 내 마음에 있는 악을 알아차려서 용서해야 완전한 선이 완성되어 자유를 얻는다.

224. 나

나는 모든 즐거움의 원인이지만 나는 모든 괴로움의 원인이다. 내가 있으면 욕심을 부리고 내가 없으면 욕심을 부리지 않는다. 내가 있으면 화를 내고 내가 없으면 화를 내지 않는다. 내가 있으면 어리석은 일을 하고 내가 없으면 어리석은 일을 하지 않는다.

내가 있으면 과시하고 내가 없으면 과시하지 않는다. 내가 있으면 남을 비난하고 내가 없으면 남을 비난하지 않는다. 범부는 태어나면서부터 나를 찾고 성자는 죽을 때까지 나를 버린다.

나를 알려면 몸과 마음을 알아차려 내 뜻대로 되지 않는 무아를 알아야 한다. 몸과 마음은 조건에 의해 일어나고 사라지는 현상의 연속이라 자아가 없다. 내가 없는 것이 깨달음이고 행복이다.

225. 승리와 패배

승리했을 때 겸손을 배우고 패배했을 때 인내를 배워야
한다. 항상 승리하지 못하고 항상 패배하지 않는다. 승리
와 패배는 일어나고 사라지는 연속적인 과정이다. 승리에
취하면 패배로 가는 길이 빠르고 승리에 겸손하면 승리를
거듭한다.

패배에 좌절하면 패배를 거듭하고 패배에 인내하면 승리
로 가는 길이 빠르다. 내가 승리나 패배를 소유하는 것이
아니다. 승리나 패배는 한순간에 일어나서 사라지는 과정
이다. 영원한 승리는 없고 영원한 패배도 없다.

진정한 승리는 승리나 패배를 하나의 과정으로 보는 지혜
를 갖는 것이다. 승리나 패배를 무상으로 보는 지혜가 승
리다. 승리나 패배를 소유하는 자아가 없음을 아는 것이
승리다.

226. 꼬인 마음

마음이 꼬이면 모든 일을 부정적으로 본다. 마음이 꼬이는 것은 욕망이 충족되지 않았거나 자존심이 상했거나 심신이 피로하거나 이유가 있다. 한 번 부정적으로 생각하면 분노가 단계적으로 증폭되어 걷잡을 수 없이 커진다.

그러면 수습하기 어려운 말을 하거나 파괴적인 행동을 한다. 이런 상태가 분열현상이다. 마음이 제어되지 않고 나쁜 쪽으로 가속도가 붙는 것은 어리석음과 욕망이 힘을 발휘하기 때문이다.

어리석음과 욕망의 거친 물살에 휩쓸려 가면 안 된다. 분노가 시작되면 악업의 과보까지 가세해서 자신을 불태운다. 이런 때는 가슴에서 두근거리는 느낌을 알아차려야 한다. 그러면 분노를 일으킨 욕망이 보여 마음이 제어된다.

227. 남의 말

남이 말하는 칭찬에 취하여 우월감을 갖지 마라. 칭찬은
남의 말이지 나의 것이 아니다. 나는 있는 그대로의 모습
이며 할 일을 했을 뿐이다. 남의 칭찬에 도취되면 비난을
받는다. 칭찬을 즐기면 비난을 견디지 못한다.

칭찬에 자유로워야 비난에도 자유롭다. 남이 내게 화를
낼 때 괴로워하지 마라. 남의 말은 그의 말일 뿐이다. 남
의 말에 큰 의미를 두면 덫에 걸린다. 남이 화를 내는 것
은 화를 내는 사람의 성향이라서 내가 어떻게 할 수 있는
일이 아니다.

남이 일상적으로 하는 말을 예언처럼 생각하지마라. 말하
는 자가 모든 것을 알고 말하지는 않는다. 미래의 일은 누
구도 모른다. 남이 걱정해서 하는 말에 걸리면 내가 걱정
을 만든다.

228. 은혜

은혜를 입었으면 은혜를 갚아야 한다. 은혜를 입었다고 반드시 상대의 뜻에 따라 행동해야 하는 것은 아니다. 은혜를 입은 상대가 바르지 못한 행동을 할 때는 따르지 말아야 한다. 바른 행동을 하는 일은 은혜를 입은 것에 상관없이 해야 한다.

상대에게 직접 은혜를 입지 않았어도 상대의 바른 뜻을 안 것으로 은혜를 입은 것이다. 상대에게 직접 은혜를 갚는 일도 필요하지만 자신이 바른 행동을 하는 것도 은혜를 갚는 일이다.

갚을 길이 없는 가장 큰 은혜는 나를 태어나게 해 바른 길을 가도록 한 부모다. 부모님이 내게 한 행위와 상관없이 나의 의무를 다해야 한다. 내가 수행을 해서 지혜를 얻으면 부모님께 더 크게 은혜를 갚는다.

229. 괴로움의 원인

나의 괴로움은 누가 만들었는가? 나의 괴로움은 내가 만들었다. 나의 괴로움은 나의 어리석음과 욕망이 만든 결과다. 어리석음과 욕망은 내가 있다는 자아에 뿌리를 두고 있다. 내 몸과 마음이라고 알면 어리석음과 욕망에 눈이 멀어 사물을 있는 그대로 보지 못한다.

진실을 모르면 내 것이라고 집착을 한다. 어리석음과 욕망의 지배를 받는 한 괴로울 수밖에 없다. 괴로움을 해결하는 방법을 밖에서 찾아서는 영원히 찾지 못한다. 괴로움을 해결하려면 내 몸과 마음을 알아차려서 마음이 청정해야 한다.

마음이 청정해야 무아의 진실을 알아 모든 번뇌로부터 해방될 수 있다. 붓다는 오직 무아를 밝혀 인간의 괴로움을 해결하기 위해 출현했다.

230. 자기 인생

행복하게 살려면 남에게 의지하지 않고 자기 인생을 살아야 한다. 남에게 기대고 살면 자기 인생을 사는 것이 아니다. 초월적 존재에게 기대고 사는 것도 자기 인생을 사는 것이 아니다. 미신적인 행위에 기대고 사는 것은 더 위험하다.

부부도 서로 조력자가 되어서 살아야지 기대기만 하면 파탄이 올 수 있다. 기대가 크면 돌아오는 것은 항상 적기 마련이라서 불만이 생긴다. 남에게 기대지 말고 자기 몸과 마음을 알아차리는 스승의 가르침에 기대야 한다.

스승의 가르침은 부귀영화가 아닌 지혜라서 가장 안전한 피난처다. 사람이나 초월적 존재에게 기대는 것은 믿을 것이 못된다. 스승의 가르침대로 나를 알아차려야 자신을 구한다.

231. 복이 화다

복을 받을 조건이 성숙되지 않았는데 복을 받으면 독이 되어 자신을 해친다. 바르게 살아갈 준비가 안 된 사람에게 재물이나 지위가 주어지면 만용을 부려 오히려 괴로움을 겪는다. 재물이나 지위가 모든 사람에게 다 좋은 것이 아니므로 무턱대고 바라지 말아야 한다.

부귀영화도 바람직하게 사용하는 사람에게만 좋다. 노력도 하지 않고 막연하게 복을 바라는 사람은 어리석어서 복이 자기 인생을 파탄에 이르게 한다. 부귀영화를 누리는 사람의 해악은 사회와 가정을 파괴하고 자신의 몸과 마음도 파괴한다.

복은 스스로 노력해서 얻을 때 소중한 가치가 있다. 복을 얻고 내 것이라고 생각하는 순간 화가 미치므로 엄중한 경계가 필요하다.

232. 괴로움

괴로움은 지금 여기에 괴로움이 있으니 와서 보라고 나타난 대상이다. 괴로움을 하나의 대상으로 알아차리면 원인이 있어서 생긴 결과에 불과하다. 괴로움이 하나의 현상이 되면 나의 괴로움이 아니고 조건에 의해서 생긴 결과일 뿐이다.

괴로움과 괴로움을 알아차리는 마음이 분리되어야 괴로움이 객관화된다. 괴로울 때 괴로움을 없애려고 해서는 결코 없앨 수 없다. 원인에 의해서 생긴 결과는 없어지지 않는다. 괴로운 사실은 이미 없어졌지만 내 기억에 남아서 지워지지 않는다.

괴로움을 있는 그대로 알아차려서 무상, 고, 무아의 지혜가 나야 비로소 괴로움이 소멸한다. 괴로움을 꿰뚫어 아는 지혜가 나야 괴로움이 즐거움으로 바뀐다.

233. 이렇게

나는 이렇게 태어나서 이렇게 살다가 이렇게 죽는다. 이
렇게는 우연한 것이 아니고 원인과 결과로 태어나서 원인
과 결과로 살다가 원인과 결과로 죽는 것이다. 이렇게는
조건에 의해 태어나서 조건에 의해 살다가 조건에 의해
죽는 것을 말한다.

조건이란 자신이 한 행위에 따라서 생기는 결과다. 무엇
이나 생길만 해서 생기고 사라질 만 해서 사라진다. 과거
의 원인으로 태어나서 현재의 결과로 살다가 현재의 원인
으로 미래의 결과로 죽는다.

윤회의 과정은 어떤 외부의 힘이나 초월적 존재의 힘이
개입되지 않는다. 이렇게 괴롭게 살면 이렇게 괴롭게 죽
어서 이렇게 괴롭게 태어난다. 이제 이렇게 즐겁게 살다
가 이렇게 즐겁게 죽어야 한다.

234. 진정한 소유

가장 좋아하는 것을 버릴 때 가장 큰 자유를 얻는다. 버리면 버린 만큼 자유롭고 비우면 비운 만큼 풍요해진다. 좋아하는 것을 집착하면 집착한 만큼 속박 당한다. 좋아하는 것을 집착하는 것이 욕망이다.

욕망은 하늘을 다 채워도 부족하다. 가득 채워도 부족한 것에 맞서는 유일한 길은 모두 버리는 것이다. 아름다운 들꽃을 내 것으로 소유로 하려고 하면 들꽃을 잃어버린다. 들꽃을 그 자리에 그대로 두고 아름다움을 느끼면 자연을 모두 얻는다.

욕망으로 살아온 인간이 욕망을 버리기는 어렵다. 좋아하는 것을 알아차릴 때 욕망이 약해진다. 계속 알아차려서 무아의 지혜가 나야 욕망이 소멸한다. 소유가 사라져야 모든 것을 소유한다.

235. 덧없음

모든 것이 덧없는 것이라고 알지만 생각으로 알아서 집착한다. 모든 것이 덧없는 것을 지혜로 알아야 집착하지 않는다. 생각으로야 무엇을 모르겠는가. 생각은 덧없음의 진실을 아는 것이 아니라 집착한다.

지혜로 알아야 덧없음의 진실을 알아 집착을 끊는다. 집착하면 무상의 성품을 몰라 윤회를 한다. 집착을 끊으면 무상의 성품을 알아 윤회가 끝난다. 생각은 있는 그대로 알아차리지 못해서 무상을 관념으로 안다.

지혜는 있는 그대로 알아차려서 무상의 실재를 안다. 생각은 고요함이 없어 무상의 진실을 알지 못한다. 지혜는 고요함이 있어 무상의 진실을 명쾌하게 안다. 생각은 내가 있어 이기적이고 지혜는 내가 없어 진실에 귀의한다.

236. 숲길에서

밤새 비가 내리고 그친 아침 숲길이 청정하다. 나뭇잎들
이 물기를 머금고 숲으로 쏟아지는 햇살에 빛난다. 숲길
을 걷다 먼저 세상을 떠난 선배들이 생각난다. 사진작가,
논설위원, 산악회 선배, 화가, 회장과 다른 지인이 모두
떠났다.

젊어 한때 뜻을 같이하며 깊게 교우했던 분들이 모두 떠
나고 아무것도 남은 것이 없다. 그리고 이렇게 한순간의
기억만 있다. 가까웠던 많은 순간들이 모두 사라져버리고
짧은 기억밖에 없는 것이 허전하다.

나도 이렇게 살다 이렇게 죽어 어느 누군가의 짧은 기억
속에 남는 것이 전부일 것이다. 선배들의 죽음을 기억했
다고 해서 내가 달라진 것이 있는가? 어쩔 수 없이 떠밀려
가는 인과의 무게가 무겁다.

237. 세간과 출세간

세상은 물리적 법칙이 지배한다. 작용하면 반작용이 생긴다. 억누른 만큼 반발력이 생긴다. 좋아한 만큼 싫어하는 것을 배척한다. 사랑한 만큼 미움이 커진다. 옳은 것을 펴는 만큼 그른 것에 대항한다.

상대적인 세상에서는 항상 이익과 손실, 명예와 불명예, 칭찬과 비난, 행복과 불행이 교차한다. 여기에 너와 나의 차별이 있어 분열과 투쟁이 멈추지 않는다. 물리적 법칙을 초월한 출세간의 정신세계가 있다.

대상을 있는 그대로 알아차리면 작용에 대한 반작용이 없어 어떤 충돌도 없다. 여기에 너와 나의 차별이 없어 자애와 평화가 있다. 대상을 있는 그대로 알아차려서 고요해지면 사물을 통찰하는 지혜가 나 모든 속박에서 벗어난다.

238. 우문현답(愚問賢答)

훌륭한 스승은 어리석은 질문을 해도 현명하게 답변한다. 깨우치지 못한 스승은 어리석은 질문을 하면 질책한다. 훌륭한 스승과 깨우치지 못한 스승은 모두 나의 내면에 있다. 누구나 모르는 것으로부터 시작한다. 모르면 어리석은 질문을 하지 않을 수 없다.

지혜가 있으면 모르는 것으로부터 시작하는 것을 알아 궤를 벗어난 질문도 받아들인다. 바른 가르침은 모든 것을 옳고 그름으로 재단하지 않는다. 어떤 질문도 있는 그대로 받아들여서 알맞게 대처해야 한다.

수행은 가보지 않은 정신세계를 탐험하는 길이다. 아이가 걸음마를 할 때 도움이 필요하듯 수행도 적절한 도움을 주어야한다. 훌륭한 스승은 어리석은 질문을 질책하지 않는다.

239. 무상의 진실

마음은 한순간에도 무수히 변한다. 어떤 일을 결정했다가도 이내 이럴까 저럴까 망설인다. 결정 장애가 아니더라도 마음은 끊임없이 변한다. 한순간이 이렇거늘 하루 동안 바뀌는 마음은 얼마나 무상한가.

지금까지 살아온 일생의 변화는 어떠한가. 고비마다 위험도 많았지만 지나고 보니 모두 무상함만 남는다. 인간의 삶에서 발견하는 엄숙한 진실은 몸과 마음의 무상이다. 몸과 마음의 무상은 온통 괴로움이다.

염세주의자의 괴로움도 가시밭길이지만 낙천주의자의 즐거움도 결국에는 괴로움이다. 무상이 괴로움이라는 것을 아는 것은 위대한 진리다. 괴로움을 해결하려고 해도 해결하지 못하는 무아를 발견하여 집착이 끊어지기 때문이다.

240. 괴로움의 원인

괴로우면 무엇인가 다른 즐길 거리를 찾아 집착한다. 어떤 즐길 거리도 완전한 즐거움을 주지 못한다. 즐길 거리를 집착해서 또 다른 괴로움이 생긴다. 괴로움을 잊어버리기 위해 다른 즐거움을 찾을수록 더 가혹한 굴레에 얽매인다.

괴로울 때 다른 즐길 거리를 찾지 않고 괴로움을 있는 그대로 알아차리면 마음이 고요해져 즐거움이 생긴다. 욕망이 충족되지 않아서 생긴 갈증을 다른 욕망으로 충족시키려고 해서는 영원히 갈증을 해소할 수 없다.

인간의 생존은 욕망과 함께 있어 구조적으로 괴로움을 피할 수 없다. 괴로움의 직접원인은 욕망이고 근본원인은 어리석음이다. 어리석음과 욕망을 숨어서 조정하는 것은 나라고 하는 자아다.

241. 인간의 선택

모든 것은 조건이 결정한다. 어둠이 빛을 이기지 못한다고 할 때 새벽이라는 조건이 있어 빛이 어둠을 이긴다. 새벽이 되어 차츰 날이 밝아오는데 어떻게 어둠이 지속될 수 있겠는가? 빛이 어둠을 이기지 못한다고 할 때 저녁이라는 조건이 있어 어둠이 빛을 이긴다. 저녁이 되어 차츰 어두워지는데 어떻게 빛이 지속될 수 있겠는가?

무조건 선이 악을 이기지 못한다. 선한 조건이 성숙되어서 선이 악을 지배한다. 무조건 악이 선을 이기지 못한다. 악한 조건이 성숙되어서 악이 선을 지배한다.

무조건이란 이미 정해진 것이지만 선과 악은 정해지지 않았다. 인간은 자기 마음으로 선과 악을 선택할 수 있다. 행복과 불행은 조건이 만든다.

242. 같고도 다른 사람

사람이라고 해서 같은 사람이 아니다. 사람이 서로 다르다고 해서 전부 다르지 않다. 사람은 업의 지배를 받아 남과 비교되지 않는 자기만의 과보가 있다. 남녀가 다르고 선심과 불선심이 다르고 능력이 다르다. 용모가 다르고 성격이 다르고 수명이 다르다.

누구나 과거의 행위로 인해 현재의 결과를 받는다. 자기에게 주어진 조건은 억울할 것이 없다. 사람이 같은 것은 과거에 계율을 지켜 인간으로 태어난 것이 같다. 태어났으면 반드시 죽는 것이 같다.

사람은 새로운 원인을 만들어 새로운 결과를 받는 것이 같다. 사람만 집착을 끊어 윤회를 끝낼 수 있고 계속 집착하여 윤회할 수 있다. 같고도 다른 것을 존중하면 인간의 존엄성을 안다.

243. 때와 인내

모든 일에는 때가 있다. 해가 떴을 때 밭을 갈고 씨를 뿌려라. 저녁이 되면 밭을 갈 수 없다. 씨를 뿌리고 계속해서 가꾸어야 따뜻한 겨울을 맞이할 수 있다. 때를 넘기면 씨를 뿌리지 못해 수확을 할 수 없다. 씨를 뿌리지 않으면 수확을 할 수 없다.

씨를 뿌리고 수확을 하는 것이 모두 노력이다. 어느 날 저절로 결실이 생기지 않는다. 때를 놓치기 전에 수행을 해야 한다. 기회는 항상 있는 것이 아니므로 호기심에 그치지 말고 계속 노력해야 한다.

수행은 욕망과 나태함의 유혹을 이겨내야 한다. 인내하는 힘이 없으면 욕망의 거친 물살을 거슬러 올라가기 어렵다. 욕망은 오랫동안 제어해도 잘되지 않지만 무너지는 것은 한순간이다.

244. 예정되지 않은 지혜

인간은 살아 있는 모든 순간이 중요하지 않은 때가 없다. 태어나서 성장할 때나 젊어서 이상을 실현할 때나 늙어서 죽음을 기다릴 때나 모두 중요하다. 어느 때나 경험이 지혜로 바뀌는 것이 필요하다. 지혜만이 괴로움을 해결할 수 있다.

태어나서 성장하고 죽는 것은 예정되어 있다. 어리석음을 지혜로 바꾸는 것은 예정되어 있지 않다. 늙어서 할 일 없이 죽음을 기다리는 순간이 결코 무의미한 것이 아니다. 오히려 지나간 인생을 돌이켜보고 어떻게 하면 미소 지으며 아름답게 죽을 수 있는가 하는 문제가 중요하다.

누구에게나 죽음은 예정되어 있다. 하지만 어느 때고 예정되어 있지 않은 지혜를 얻어 자유를 누리는 노력을 해야 한다.

245. 진정한 중도

중도는 계율과 집중과 지혜가 있는 치우침이 없는 견해다. 무조건 중립을 지킨다고 해서 중도가 아니다. 중도는 감각적 욕망과 극단적 고행을 하지 않고 대상을 있는 그대로 알아차리는 위빠사나 수행이다.

중도를 실천하려면 무상, 고, 무아의 지혜가 나야 한다. 무아의 지혜가 나면 좋아하고 싫어하지 않고 모든 현상을 있는 그대로 받아들인다. 이렇게 되려면 반드시 모든 것이 원인이 있어서 생긴 결과라는 지혜가 선행되어야 한다.

원인과 결과의 지혜가 나야 어떤 현상도 집착하거나 배척하지 않고 있는 그대로 이해한다. 중도는 옳고 그름을 따지지 않는다. 있는 그대로 알아차려야 매듭을 짓지 않고 흘러가 걸림이 없는 자유를 얻는다.

옹 달 샘 **09**

246. 진실

진실이 있어도 내가 알아야 진실이다. 진실은 있는 그대로의 실재이기 때문에 토론의 대상이 아니다. 누가 진실에 대해서 말해도 내가 알지 못하면 있으나마나 한 것이다. 진실은 밖에서 구할 수 없다.

진실을 받아들이는 내 마음이 눈을 떠야 알 수 있다. 남의 말은 천년만년이 가도 내 마음의 눈을 뜨게 하지 못한다. 진실을 알기 위해서는 내가 자각해야 하는데 선입관이 눈을 가리면 자각할 수 없다.

진실은 공기와 같아서 지금 여기에 있지만 보이지 않고 손에 잡히지 않는다. 진실을 알려면 진실을 감지하는 내 몸과 마음을 있는 그대로 알아차려야 한다. 몸과 마음을 알아차려서 과연 내 마음대로 되는 것인가에 대한 자각이 있어야 한다.

247. 위로와 충고

남이 어려움에 처해서 위로할 때는 단지 위로만 해라. 상
대를 배려하는 뜻에서 위로한다고 충고를 해서는 안 된
다. 더욱이 충고할 때 말하는 자의 권위가 숨겨있으면 듣
는 자가 불편하다. 위로한다고 충고를 하면 오히려 위로
받는 자가 화가 날 수 있다.

위로는 괴로움과 슬픔에 처해있을 때 즐거움을 주는 말이
어야 한다. 충고는 허물을 지적하는 말이므로 받아들이는
자가 거부할 수 있다. 설령 상대를 위해 진리를 말한다고
해도 알맞은 상황이 필요하다.

상대를 깨우치게 하는 말이라고 해서 아무 때 아무렇게나
해서는 안 된다. 내 견해만 있고 남의 입장이 없으면 바른
견해도 독이 된다. 나와 남의 조화가 나의 행복이자 남의
행복이다.

248. 호의

세간에 일어나는 모든 호의는 반드시 조건이 붙는다. 누군가가 나에게 잘했으면 잘한 만큼의 기대를 하기 마련이다. 또 내가 남에게 잘했으면 잘한 만큼의 기대를 하기 마련이다. 세간에서는 이런 기대가 없으면 남에게 호의를 베풀지 않는다.

만약 잘했는데 그만큼의 기대가 충족되지 않으면 불화의 원인이 된다. 남이 내게 호의를 보일 때는 그만큼의 요구가 따른다는 것을 사전에 인지해야 한다. 그렇지 않으면 내가 원하지 않는 호의를 받고 큰 괴로움을 겪을 수 있다. 그래서 바라는 마음으로 하는 공덕은 반쪽짜리다.

출세간의 호의는 아무 조건이 없기 때문에 완전한 공덕이다. 좋은 일도 바라는 마음이 없을 때만이 좋은 결과가 있다.

249. 내 마음

나의 마음이 상대의 마음이다. 내 마음이 선하면 상대를 선하게 본다. 내 마음이 악하면 상대를 악하게 본다. 내가 기분이 좋으면 상대도 기분 좋게 본다. 내가 기분이 나쁘면 상대도 기분 나쁘게 본다.

마음은 대상을 받아들이는 기능을 하는데 내 마음의 상태에 따라 상대가 그대로 투영된다. 내 마음이 어리석으면 상대의 지혜도 어리석게 본다. 내 마음이 지혜가 있으면 상대의 어리석음도 지혜롭게 본다.

나의 즐거움은 보이는 상대와 상관없이 내가 만든다. 나의 괴로움은 보이는 상대와 상관없이 내가 만든다. 내 마음을 원인으로 투영되는 결과는 진실이 아니다. 내 마음에 상관없이 대상을 있는 그대로 알아차릴 때만이 진실을 본다.

250. 충동적 본능

인간은 인과응보의 힘으로 산다. 과거의 원인이 현재의 결과를 만들어 자신을 지배한다. 어떤 순간에 충동적 본능이 일어날 때는 제어하기가 힘들다. 본능은 축적된 성향이다.

본능을 없애려고 하면 더 강해지므로 본능이 일어난 것을 알아차려야 한다. 그리고 즉시 현재 하고 있는 일을 알아차려서 집중해야 한다. 움직일 때는 움직이는 몸을 알아차려야 한다. 움직이지 않을 때는 호흡을 알아차려서 집중해야 한다.

적당히 알아차려서는 본능의 힘을 이겨내지 못하므로 전력을 다해서 알아차려야 한다. 한순간의 고비만 넘기면 본능이 억제된다. 본능이 제어되지 않으면 욕망이 지배하는 동물이 된다. 욕망은 달콤하나 모든 괴로움의 원인이다.

251. 변화의 괴로움

모든 것은 변한다. 변하는 것은 괴로움이다. 변하는 것을 받아들이면 괴롭지 않다. 변하는 것을 받아들이지 못하면 괴롭다. 모든 것은 변하는데 변하는 것을 받아들이는 것이 무아다. 변하는 것을 받아들이지 못하는 것이 자아다. 이것이 존재하는 것의 성품인 무상, 고, 무아다.

있는 것이 없어질 때 괴로워하거나 자만하지 말아야 한다. 없다가 생겼을 때 괴로워하거나 자만하지 말아야 한다. 모든 것은 있다가 없어지고 없다가 생긴다. 인간은 태어났으면 반드시 죽는다.

인간의 부귀영화나 환난병고도 일어났다가 사라진다. 이러한 현상계의 질서는 내 마음대로 할 수 없다. 오직 매순간 조건에 의해 일어나고 사라지는 연속적 현상만 있다.

252. 나 혼자

나는 혼자 태어나서 혼자 살다가 혼자 죽는다. 나는 내가 일으킨 행위로 살고 이 과보의 그림자에서 벗어날 수 없다. 누구도 나의 삶에 개입할 수 없고 나를 구원할 수 없다. 내가 즐거움과 괴로움을 느끼는 것도 나만의 것이다.

남이 내게 관심이 있어도 모두 자기 이해에 얽힌 관심이다. 자기 이해가 없으면 관심조차 갖지 않는다. 인간은 저마다의 위치에서 자기 삶을 살 뿐이다. 내가 남이 아니고 남이 내가 아니다.

내 문제는 내가 일으킨 것이고 오직 내가 감당해야한다. 그러므로 항상 자기 성찰이 필요하다. 부질없는 일에 관심을 갖지 말고 먼저 나를 정화하는 노력을 해야 한다. 내가 청정할 때 남에게 따뜻한 손길을 보낼 수 있다.

253. 알아차림의 진실

나는 괴로움이 있는 것을 알아차릴 뿐 괴로움을 없애려고 하지 않는다. 괴로움은 없애려고 할수록 더 커진다. 괴로움을 없애려고 하는 것이 욕망이라 괴로움이 더 커진다. 나는 미움이 있는 것을 알아차릴 뿐 미움을 없애려고 하지 않는다.

미움은 없애려고 할수록 더 커진다. 미움을 없애려고 하는 것이 욕망이라 미움이 더 커진다. 나는 어리석음이 있는 것을 알아차릴 뿐 어리석음을 없애려고 하지 않는다. 어리석음은 없애려고 할수록 더 커지진다. 어리석음을 없애려고 하는 것이 욕망이라 어리석음이 더 커진다.

내가 얻고자 하는 것이 있다면 있는 것을 없애려고 하지 말아야 한다. 단지 하나의 대상으로 있는 그대로 알아차려야 한다.

254. 마음의 치유

몸이 아플 때는 휴식이 필요하고 마음이 아플 때는 고요함이 필요하다. 인간은 몸이 마음에 영향을 주고 마음이 몸에 영향을 주면서 산다. 하지만 마음이 몸에 영향을 미치는 부분이 더 크게 작용한다.

앞서 일어난 마음이 모든 것을 이끌기 때문이다. 몸이 아파서 마음이 괴로운 것은 알지만 마음이 아파서 몸이 병드는 것은 감지하기 어렵다. 몸이 아플 때는 적절한 치료를 하지만 마음이 아플 때는 치료할 줄 모르며 안다고 해도 치료방법을 모른다.

마음의 고요함을 얻으려면 몸과 마음을 있는 그대로 알아차려야 한다. 하지만 고요함만으로는 마음이 치유되지 않는다. 고요한 마음으로 인해서 생긴 지혜가 나야 비로소 마음이 치유된다.

255. 한계

누구나 자기에게 주어진 한계가 있다. 내가 원한다고 마음대로 되지 않는다. 내가 원한다고 천재가 될 수 없고 권력자가 될 수 없고 부자가 될 수 없다. 행복은 알맞은 것에 있다. 자기 계발을 하지 않으면 부족하고 많은 것을 원하면 넘친다.

어리석으면 게으름에 빠지고 욕망에 취해 스스로 괴로움을 만든다. 게으르지 않고 욕망으로 하지 않으려면 대상을 있는 그대로 알아차려야 한다. 있는 그대로 알아차리면 자기에게 맞는 옷을 입는다. 알맞은 옷을 입는 것이 행복이다.

작은 옷을 입으면 불편하고 큰 옷을 입어도 불편하다. 몸이 불편하지 않게 입어야 마음이 편안하다. 자기 계발 없이 방치하거나 분수에 맞지 않는 일을 하면 불행하다.

256. 명상의 길

선한 마음이 있으면 괴로울 때 명상의 필요성을 느낀다. 하지만 호기심에 그치고 마는 경우가 대부분이다. 노력도 하지 않고 쉽게 얻으려는 안일함이 있기 때문이다. 괴로움은 자신의 축적된 성향으로 인해서 생긴 결과다.

축적된 성향은 바꾸기 어려운 고정관념이다. 그럼에도 쉽게 해결을 하려고하다 뜻을 이루지 못하면 흥미를 잃는다. 명상은 마음을 계발하는 행위다. 마음은 오랫동안 살면서 생긴 잠재의식이라 쉽게 바뀌지 않는다.

잠재의식을 계발하려면 대상을 있는 그대로 알아차려서 지혜가 나야 한다. 감각적 욕망은 달콤해서 집착하지만 진실은 무거워서 외면한다. 무거움을 받아들이지 않으면 고질적 괴로움을 해결할 대안이 없다.

257. 어리석음의 치유

내가 있다는 생각이 어리석음의 원인이다. 나만 알면 남을 배려할 줄 모른다. 어리석음이 자신을 괴롭히고 남에게 피해를 준다. 나만 아는 이기적인 마음은 자기 잘못을 시인하지 않아 더욱 깊은 무지에 빠진다.

어리석은 자를 두둔하면 나도 어리석은 자와 같은 동류의식이 있다. 어리석음을 옹호해서도 안 되고 비난해서도 안 된다. 어리석음을 옹호하는 것은 동조고 비난하는 것은 싸움이다. 동조하거나 싸우는 것으로는 어리석음을 치유하지 못한다.

어리석으면 양심과 수치심이 없고 들떠서 부끄러워할 줄 모른다. 부끄러움을 모르면 치유가 되지 않는다. 어리석음을 있는 그대로 알아차려서 무아의 지혜가 나야 어리석음이 치유된다.

258. 행복은 현재에 있다

인생은 과거에 있지 않고, 미래에 있지 않고, 지금 이 순간 현재에 있다. 과거의 연장이 현재고 현재의 연장이 미래다. 현재에 모든 것이 담겨있다. 과거를 후회하면 현재가 불안하고 현재가 불안하면 미래가 두렵다.

지금 이 순간의 현재가 과거와 현재와 미래를 모두 아우른다. 현재라고 하는 순간 즉시 과거가 되며 다시 미래가 된다. 숨 가쁘게 흐르는 인생은 거창한 것이 아니다. 현재 무엇을 하느냐에 따라 가치가 결정된다.

현재가 아닌 다른 순간은 실재가 아니고 관념이다. 행복과 불행은 현재의 마음에서 결정된다. 다른 때 다른 곳에서 행복과 불행이 결정되지 않는다. 현재 내 몸과 마음을 알아차려서 고요함을 얻는 것이 행복이다.

259. 다른 마음

나는 늘 사람과 함께 살면서도 혼자라는 생각을 했다. 남을 피하지도 않았지만 각별하게 어울리지도 않았다. 무료할 때도 혼자라는 생각을 했지만 군중 속에서도 혼자라는 생각을 했다.

혼자라는 생각으로 고독하지는 않았지만 무엇인가 채워지지 않는 공허함이 있었다. 공허함을 있는 그대로 알아차리니 사람의 마음이 똑같을 수 없는 것을 알았다. 사람은 자기만의 고유한 마음이 있어 남의 마음과 일치할 수 없는 간격이 있다.

사람은 저마다의 업이 달라 과보의 마음도 다르다. 사람의 숫자만큼 다양한 마음이 있다. 마음이 다른 것을 존중하면 개인의 존엄성이 생긴다. 서로 다를 수밖에 없는 마음을 존중할 때 비로소 다름이 아름답다.

260. 편견

인간은 편견이 낳은 사생아다. 인간은 무명을 원인으로 태어나서 어리석음과 욕망의 굴레 속에서 산다. 무명은 항상 나와 남이 대치하기 때문에 공평한 견해를 갖기 어렵다. 인간은 편견으로 살고 편견으로 죽는다.

인간은 편견으로 성공하고 편견으로 실패한다. 인간은 편견의 가해자면서 피해자다. 내가 편견을 가지고 남에게 피해를 준 것처럼 나도 남의 편견으로 피해를 입는다. 편견은 자기 견해라서 있는 그대로의 진실이 아니다.

세간은 나와 너로 구분하여 온갖 편견으로 점철되어 있다. 국가와 역사와 문화는 편견을 없애는 것이 아니고 오히려 조장한다. 출세간은 나와 너로 구분하는 편견이 없고 있는 그대로 질서가 있어 평화롭다.

261. 균형

좋아하면 좋아한 만큼 괴로움을 겪는다. 모든 일이 항상 좋을 수는 없으므로 좋지 않을 때 괴롭다. 강하면 강한 만큼 반발력이 있다. 좋은 관계일수록 원하는 것이 많아 갈등이 심해진다. 아무리 좋은 일이라도 균형이 필요하다.

균형이 필요한 것을 생각으로 알면 바르게 안 것이 아니다. 지혜로 알아야 바르게 안다. 생각으로 알면 어리석음과 욕망이 있어 잘못을 끊지 못한다. 지혜로 알면 어리석음과 욕망이 없어 잘못을 끊는다.

생각으로 알면 집착을 끊지 못해 괴롭다. 지혜로 알면 집착을 끊어 괴롭지 않다. 생각으로 알아서 괴로움을 겪은 뒤 후회하지 마라. 늦게라도 안 것이 가장 빠른 것이다. 늦게라도 안 것이 거듭되면 지혜가 난다.

262. 참다운 행복

세간에서는 이기고 지는 승부가 있어 진정한 행복이 없다. 이겼다고 해서 완전하게 이긴 것이 아니다. 졌다고 해서 완전하게 진 것이 아니다. 승리와 패배는 마음이 경험하는 한순간의 느낌이다. 조건에 따라 이기고 지는 것이 연속된다.

이기고 지는 것을 내 마음대로 할 수 없다. 내가 있어서 승패를 소유하지 못한다. 이기고 지는 것을 소유하는 자아가 없다. 이겼다고 내가 이긴 것이 아니다. 졌다고 내가 진 것이 아니다.

이기고 지는 것은 다툼이라서 행복한 삶이 아니다. 출세간에서는 이기고 지는 것이 없어 삶이 평화롭다. 인생의 행복은 승부에 있지 않다. 남과 비교하지 않고 자기에게 주어진 삶에 충실할 때 참다운 행복을 누린다.

263. 완전한 행복

나는 무엇을 위해서 사는가? 나는 행복하기 위해서 살아야 한다. 행복은 저절로 오지 않는다. 행복은 감각적 쾌락이 아닌 욕망이 절제된 고요함에서 온다. 행복은 괴롭지 않을 때 온다. 괴롭지 않으려면 도덕적인 생활을 해야 한다. 절제하는 노력을 하면 마음이 고요해진다.

고요한 마음에서 지혜가 나 어리석음과 욕망이 소멸한 지고의 행복을 얻는다. 지혜를 얻으려면 대상을 있는 그대로 알아차려야 한다. 감각기관을 통해서 들어오는 안팎의 모든 정보를 있는 그대로 알아차려야 선입관이 없어 대상의 성품을 알 수 있다.

사물의 궁극의 이치인 무상, 고, 무아를 알면 내가 없어져 현상계의 질서에 귀의한다. 내가 있는 한 행복할 수 없다.

264. 성공과 실패의 진실

성공과 실패는 하나의 과정이다. 성공했다고 자만하면 크게 실패한다. 실패하면 앞만 보고 달리는 자신을 돌아볼 수 있는 기회다. 자신을 돌아보면 어리석음과 욕망이 있는 것을 알아 반전의 기회로 삼을 수 있다.

실패를 두려워하지 마라. 실패를 두려워하면 마음이 실패하는 쪽으로 투사해서 실패로 이끈다. 완전한 성공도 없고 완전한 실패도 없다. 성공이 실패가 될 수 있고 실패가 성공이 될 수 있다. 실패해서 좌절하면 거듭 실패한다.

실패를 겸허하게 받아들이면 성공한다. 성공과 실패는 자신이 행한 조건에 의해 나타난 결과다. 성공할 수 있는 조건이 갖추어진 결과로 성공한다. 실패할 수 있는 조건이 갖추어진 결과로 실패한다.

265. 감내

즐거움을 누리려면 괴로움을 감내해야 한다. 괴로움 없이 즐거움만 있을 수 없다. 즐거움에 도취되는 순간 괴로움이 온다. 괴로움을 인내하는 것이 즐거움이다. 즐거움과 괴로움이 따로 있는 것이 아니다.

한순간의 마음에 따라 즐거움이 괴로움이 될 수 있고 괴로움이 즐거움이 될 수 있다. 무엇이나 있는 그대로 받아들이는 것이 즐거움이다. 있는 그대로 받아들이지 못하는 것이 괴로움이다.

자아가 있으면 있는 그대로 받아들이지 못한다. 대상을 있는 그대로 알아차리면 자아가 없어 있는 그대로 받아들인다. 한순간의 마음은 내가 일으키는 것이지 남이 주는 것이 아니다. 즐거울 때나 괴로울 때나 모두 있는 그대로 알아차려야 한다.

266. 법

법은 알아차릴 대상이다. 몸과 마음을 있는 그대로 알아
차리면 대상의 법이 진리의 법으로 바뀌어 무상, 고, 무아
를 안다. 모든 현상이 전부 법은 아니다. 대상으로 알아차
려야 법이다. 대상으로 알아차리지 못하면 법이 아니다.

법이 있어도 진실이 필요한 자에게만 법이다. 진실이 필
요 없는 자에게는 법이 아니다. 법은 필요로 하는 자에게
만 즐거움을 준다. 법은 필요로 하지 않는 자에게는 괴로
움을 준다. 법은 선한 자에게만 보인다. 법은 악한 자에게
는 보이지 않는다.

위빠사나 수행자의 법은 몸과 마음이다. 몸과 마음을 가
지고 살면서 생긴 문제는 몸과 마음에 답이 있다. 몸과 마
음을 있는 그대로 알아차려야 진리의 법이 드러난다.

267. 감각적 욕망

감각적 욕망은 달콤하다. 달콤한 것을 집착을 하면 괴로움을 겪는다. 달콤한 유혹이 제어되지 않으면 욕망의 늪에 빠진다. 개미가 꿀에 빠져 죽듯이, 나방이 불을 향해 뛰어들다 죽듯이 욕망의 끝은 죽음이다.

좋아하는 것이 있으면 행복하다. 행복을 집착하면 괴롭다. 감각적 욕망으로 얻는 행복은 불행이다. 감각적 욕망이 절제된 행복이 바른 행복이다. 감각적 욕망은 눈, 귀, 코, 혀, 몸, 마음이란 여섯 가지 감각기관이 감각대상과 접촉할 때마다 일어난다.

감각기관이 감각대상과 접촉할 때 있는 그대로 알아차리면 욕망이 일어나지 않아 번뇌로부터 자유롭다. 감각적 욕망을 알아차리지 못하면 번뇌의 노예로 살다 고통을 겪으며 죽는다.

268. 만남과 헤어짐

사람은 이런저런 인연으로 모였다가 흩어진다. 만나서 도움을 주기도 하고 도움을 받기도 한다. 만나서 해로움을 주기고 하고 해로움을 받기도 한다. 모두 원인과 결과로 얽혀서 끊임없이 흐른다.

누구나 만났으면 반드시 헤어진다. 만남은 인연의 일어남이고 헤어짐은 인연의 사라짐이다. 일어남과 사라짐은 사물의 이치라서 거역할 수 없다. 만날 때는 서로 인사를 하지만 헤어질 때는 인사도 하지도 못하고 떠난다.

만남과 헤어짐에는 자기 의지가 있기도 하고 자기 의지와 상관없이 이루어지기도 한다. 수많은 만남은 작별을 고하지도 못하고 헤어져 슬픔과 분노를 남긴다. 뒤도 돌아보지 않고 헤어지는 것이 무상이고 괴로움이며 무아다.

269. 거울 속의 노인

거울을 보니 허리가 굽은 낯선 백발노인이 있다. 생소한 노인이 있어서 보니 바로 나다. 그간 남을 볼 때 보았던 그런 노인이 나란 말인가? 거울에서 본 나와 생각으로 아는 내가 다른 것이 놀랍기도 하고 당혹스럽기도 하다.

인간은 실재가 아닌 관념을 가지고 꿈속에서 사는데 꿈속에서 또 꿈을 꾸고 있다. 나는 내가 꾸민 생각 속에서 사는데 생각 속에서 또 다른 생각을 하고 있다. 꿈속에서 사는 내가 진실인가? 백발노인이 나라는 사실을 안 것이 진실인가?

꿈속에서 본 내가 진실이 아니지만 심정적으로는 나라고 믿고 싶다. 진실은 적나라해서 너무 잔인하다. 하지만 낡은 껍질을 깨는 아픔 없이는 영원히 착각 속에서 헤어나지 못할 것이다.

270. 선(善)과 악(惡)

세상은 선과 악이 공존한다. 선과 악이 함께 있어 선이 악을 이기지 못하고 악이 선을 이기지 못한다. 세상은 완전한 선도 없고 완전한 악도 없어 사랑과 증오가 교차한다. 세상의 선악은 인간의 마음이다.

인간의 마음이 세상이다. 인간은 선한 마음과 악한 마음을 함께 가지고 있다. 인간은 지혜가 있을 때도 있고 어리석을 때도 있어 조건에 따라 다르게 판단한다. 인간의 마음은 매순간 상황에 따라 변하므로 믿을 것이 못된다.

마음이 변하는 것이 무상이고 변하므로 괴로움이 있고 믿을 것이 못되어 무아다. 대상을 있는 그대로 알아차리면 선악을 벗어난 청정이 있다. 선악을 옳고 그름으로 예단하지마라. 선악은 단지 알아차릴 대상이다.

271. 진실의 불씨

인간은 진실을 무거워한다. 누구나 무거운 것을 싫어한다. 무거운 것이 싫으면 가벼운 것을 좋아한다. 감각적 욕망은 가볍다. 가벼운 것을 좋아하면 무거운 것을 외면한다. 인간은 항상 진실과 떨어져 있다.

지혜가 있으면 무거움을 선택하는 것이 자유를 얻는다는 진실을 안다. 어리석으면 가벼움을 선택하는 것이 자유를 잃는다는 진실을 알지 못한다. 무거운 것을 즐기면 속박에서 벗어나 자유를 얻는다. 가벼운 것을 즐기면 속박되어 자유를 잃는다.

해방은 저절로 오지 않는다. 감각적 욕망을 인내할수록 해탈의 자유가 가까워진다. 감각적 욕망의 지배를 받으며 살아도 알아차림이란 진실의 불씨를 꺼트리지 말아야 한다.

272. 숲속에서

물은 낮은 곳으로 흐르고 나무는 하늘을 향해 자란다. 숲에 있는 것들은 모두 저마다의 위치에서 저마다의 일을 한다. 크고 작은 다양한 나무들이 굳건하게 서서 자기 역할을 한다. 모든 것이 저마다의 위치에서 자기답게 사는 것이 조화다. 조화를 이룬 것이 가장 아름답다.

이런 현상계의 질서 속에서 사는 나는 나다운 것이 가장 좋다. 남과 비교하면 나답지 못해 불행하다. 행복과 불행은 밖에 있지 않고 내 마음에 있다. 내 마음이 편안하고 행복하려면 남과 비교해서는 안 된다.

내 인생은 내가 살지 남이 살아주지 않는다. 내 인생은 나에게 부여된 환경이다. 나에게 주어진 의무를 충실히 하는 것이 자연의 섭리에 귀의하는 것이다.

273. 용서는 미덕이다

내가 피해를 입으면 가해자에게 분노한다. 분노로는 고통을 해소할 수 없다. 분노하면 고통이 더 커진다. 내가 받은 고통만큼 상대가 받기를 바라면 악에 악으로 갚는 것이다. 모든 일은 원인과 결과로 지속되기 때문에 누군가가 연기의 고리를 끊어야 한다.

나의 고통은 과거에 내가 한 행위로 인해서 받은 것이다. 나의 고통에 대한 책임은 나에게 있다. 내가 받을 만해서 받은 고통에 분노로 대하면 연기의 고리가 회전하여 악이 승리한다. 내가 악에 선으로 대하면 연기가 지속되지 않아 나도 편안하고 상대에게도 도움을 준다.

악에 악으로 갚으면 고통이 끝없이 계속된다. 악에 선으로 대해야 고통이 끊어진다. 용서는 가장 아름다운 미덕이다.

274. 행복의 진실

행복은 언제든지 손을 뻗으면 닿을만한 위치에 있는 것처럼 느낀다. 그러나 평생 손을 뻗고 잡으려고 해도 잡히지 않는다. 조용히 숨을 죽이고 기다려도 오지 않는다. 인간은 행복이 손에 잡히지 않아도 언젠가 잡을 수 있다는 기대로 산다.

기대는 단지 기대로 그치고 말지만 그래도 기대에 속으며 산다. 잡으려고 해도 잡히지 않는 행복은 잡을 수 있는가? 행복은 아무리 잡으려고 해도 잡을 수 없다. 행복이 무엇인지 모르기 때문이다.

행복은 모든 욕망의 짐을 내려놓은 뒤에 오는 고요함이다. 누구도 욕망을 여읜 것이 행복인지 알지 못한다. 행복은 손을 뻗어서 잡을 수 있는 위치에 있지 않다. 행복은 밖에 있지 않고 내 마음이 만든다.

275. 살아있을 때

살아있을 때 선한 일을 하라. 죽으면 선한 일을 하고 싶어
도 하지 못한다. 선한 일을 하면 악한 일을 하지 않아서
좋다. 선한 일을 하면 나도 행복하고 남에게도 행복을 준
다. 선한 일을 하면 선한 과보를 받아서 좋다.

선한 일은 마음으로 하는 것이라 물질이 없어도 된다. 선
한 일은 옳고 그름을 떠나 무엇이나 있는 그대로 받아들
인다. 관대함이 나를 모든 속박에서 해방하고 자유를 준
다. 선한 일은 모든 생명에 대해 무한한 자애를 갖는다.

내가 남의 생명을 존중할 때 남도 나를 존중한다. 선한 일
은 사물의 성품을 아는 지혜로 한다. 지혜만이 모든 괴로
움을 끊는다. 선한 일은 바라지 않고 베풀고 계율을 지키
고 수행으로 완성한다.

옹 달 샘 **10**

살아있을 때

살아있을 때 선한 일을 하라.
죽으면 선한 일을 하고 싶어도 하지 못한다.
선한 일을 하면 악한 일을 하지 않아서 좋다.
선한 일을 하면 나도 행복하고 남에게도 행복을 준다.
선한 일을 하면 선한 과보를 받아서 좋다.

276. 인연의 시작과 끝

사람을 만나는 것이 인연의 시작이다. 사람과 헤어지는 것이 인연의 끝이다. 선한 사람을 만나면 선한 인연이 시작된다. 악한 사람을 만나면 악한 인연이 시작된다. 선한 사람은 선한 과보가 있어서 만난다. 악한 사람은 악한 과보가 있어서 만난다.

선한 사람을 만나면 선한 행위를 해서 행복하다. 악한 사람을 만나면 악한 행위를 해서 불행하다. 만나는 인연이 있으면 헤어지는 인연이 있다. 대상을 있는 그대로 알아차려 지혜가 나면 악한 사람을 만나도 선한 인연으로 끝을 맺는다.

대상을 있는 그대로 알아차리지 못해 어리석으면 선한 사람을 만나도 악한 인연으로 끝을 맺는다. 세간의 인연은 끝이 없고 출세간의 인연은 끝이 있다.

277. 사람의 길

사람은 사람의 길을 간다. 사람의 길은 사람과 만나고 헤어짐이다. 사람은 사람을 만나기 위해서 살고 사람과 헤어지기 위해서 산다. 사람은 마음의 길을 간다. 마음의 길은 일어남과 사라짐이다.

마음은 대상을 아는 기능을 하지만 매순간 일어나고 사라져서 덧없다. 사람의 길이 마음의 길이다. 사람은 만나서 헤어지고 마음은 일어나서 사라진다. 만남과 헤어짐 속에 온갖 사랑과 미움이 담겨 있다.

기쁨과 분노와 슬픔과 후회와 두려움도 일어나고 사라지는 작은 파장에 불과하다. 만나고 헤어지는 것 속에 있는 온갖 즐거움과 괴로움은 매우 사소한 것이다. 아무리 중요한 것이라고 해도 만나고 헤어지는 것 앞에서는 하찮은 일에 불과하다.

278. 완전함

무슨 일이나 문제라고 여기는 것이 문제다. 어리석음과 욕망이 있으면 어떤 일이나 문제라고 단정한다. 이런 단정에는 항상 선입관이 작용하여 눈을 멀게 한다. 지혜와 관대함이 있으면 어떤 일이나 문제라고 여기지 않고 하나의 대상으로 알아차린다.

윤회하는 인간은 무명과 갈애를 가지고 태어나서 처음부터 완전할 수 없다. 대상을 있는 그대로 알아차리면 지혜와 관용이 생겨 완전을 향해서 가려고 노력한다. 완전한 상태를 지향하는 것은 좋으나 욕망으로 해서는 안 된다.

불완전한 것을 있는 그대로 알아차리는 것이 완전으로 가는 유일한 길이다. 완전함은 적절한 조건이 성숙되어 지혜가 날 때 이루어지므로 내 마음대로 할 수 없다.

279. 인간의 의지

모든 것을 초월적 존재의 뜻으로 돌리지 마라. 맹목적 신앙에 빠지면 어리석음이 눈을 가려 창의성을 상실한다. 창의성을 상실한 인간은 종속적인 노예로 전락한다. 만약 신의 뜻으로 돌리고 싶다면 인간의 힘으로 일어설 여지를 남겨두어야 한다.

신을 인정하더라도 인간의 의지가 작용할 수 있는 여백이 필요하다. 모든 것을 신께 돌리려고 하다보면 자기 이익을 위해서 하는 이기적 행동도 신의 이름을 빌려서 할 수 있다. 자기 이익을 위해서 살생을 하고 신께 기도하면 신을 이용하는 것이다.

신을 맹신하면 원인과 결과의 합리적 진실이 들어설 틈이 없다. 모든 대상을 있는 그대로 알아차려서 현상계의 질서에 귀의하는 것이 행복이다.

280. 새로운 원인

원인이 있어서 결과가 생긴다. 결과는 새로운 원인을 제공한다. 모든 현상은 일어나고 사라지면서 지속한다. 어떤 문제가 해결되었다고 완전하게 해결된 것이 아니고 일시적인 수습에 그친다. 문제를 일으킨 원인은 제거되지 않고 잠복해 있다 되풀이 된다.

원인과 결과가 지속되는 것이 윤회다. 어떤 문제나 나타난 현상에서 원인을 찾을 수 없다. 인간에게 주어진 모든 현상은 인간의 마음가짐에서 나온다. 인간은 무명과 갈애를 근본원인으로 태어났기 때문에 마음을 청정하게 하지 않고서는 치유가 어렵다.

무명과 갈애가 지혜와 관용으로 바뀌는 새로운 원인을 만들어야 한다. 몸과 마음을 있는 그대로 알아차리면 새로운 원인이 생긴다.

281. 나의 선택

내가 있어서 세상이 있다. 내가 없으면 세상도 없다. 내가 있어서 생긴 문제는 오직 나만이 해결할 수 있다. 내가 아닌 다른 누구도 내 문제를 해결할 수 없다. 나와 관계된 문제는 나의 몸과 마음으로 인해서 생긴 결과다.

나의 몸과 마음을 가지고 살면서 생긴 문제는 오직 나의 몸과 마음에 답이 있다. 내가 몸과 마음을 가지고 사는 것은 여섯 가지 감각기관을 가지고 사는 것이다. 여섯 가지 감각기관이 감각대상과 접촉할 때 어리석음으로 접촉하면 어리석은 결과가 생긴다.

여섯 가지 감각기관이 감각대상과 접촉할 때 지혜로 접촉하면 지혜로운 결과가 생긴다. 나의 행복과 불행은 나의 선택으로 결정되는 것이지 남이 주는 것이 아니다.

282. 원인

자신과 관계된 모든 일에서 원인을 아는 것이 중요하다. 원인을 알아야 치유가 가능하기 때문이다. 그러나 생각으로 원인을 알려고 해서는 안 된다. 대상을 있는 그대로 알아차려서 생긴 지혜로 원인을 알아야 한다.

인간의 삶에 대한 원인은 생각으로는 미치지 못하는 영역이다. 누구도 처음부터 그만한 지혜를 가질 수가 없다. 생각으로 안 원인은 자신의 문제를 남의 탓으로 돌릴 위험이 있다. 생각으로 내린 결론은 진실이 아니라서 근본치유가 어렵다.

몸과 마음을 있는 그대로 알아차리면 지혜가 생겨 모든 원인은 내가 일으킨 무명과 갈애라는 것을 알 수 있다. 나의 어리석음과 욕망이 나를 태어나게 하고 괴롭게 하는 근본원인이다.

283. 자아(自我)

진실도 말하려는 의도에 따라 다양하게 할 수 있다. 진실을 있는 그대로 말하거나 비유해서 말하거나 방편으로 말할 수 있다. 진실한 말도 듣는 자의 상태에 따라 각색된다. 성자의 말을 듣는다고 해서 모두 성자가 되지 않는다.

누구나 있는 그대로 듣지 않고 자기 견해로 듣기 때문에 진실을 왜곡한다. 자기 견해는 오랜 세월동안 배양해온 자아에 뿌리를 내리고 있다. 윤회하는 생명은 무명과 갈애를 근본원인으로 삼아 태어나고 죽는다.

하지만 더 깊은 곳에서 무명과 갈애를 조정하는 것이 자아다. 내가 있어서 사는 것이 시작되고 사는 것이 진행되다 죽는다. 윤회의 괴로운 과정에는 자아가 있다. 진실을 가로막는 가장 큰 범인이 자아다.

284. 말의 진실

진실한 말은 진실을 표현하는 하나의 수단이지 말 자체가 진실이 아니다. 누구나 말의 뜻을 바르게 알기 어렵다. 훌륭한 가르침을 들었다고 해서 바로 훌륭해지는 것이 아니다. 어리석으면 진실을 들어도 모른다. 다만 말을 들었을 때와 듣지 않았을 때 차이가 있다.

말을 듣지 않으면 영원히 모를 것을 들어서 진실을 아는 자가 성문이다. 아무리 들어도 진실을 모르는 자가 범부다. 말은 말속에 있는 진실과 듣는 사람의 수준차이가 있어서 그냥 말일 뿐이다.

진실은 말에 있지 않고 말을 듣는 자의 마음에 있다. 남이 말하면 그냥 들어라. 남의 말을 자기 견해로 판단하지 않고 들으면 말속에 담긴 뜻을 아는 지혜가 나서 진실을 발견한다.

285. 도발

내가 남에게 도발하면 나도 남으로부터 도발을 받는다. 도발은 반응하는 것으로 선한 반응과 악한 반응이 있다. 남에게 도발하는 것은 정당하고 내가 도발을 받는 것은 부당하다고 여기면 안 된다.

관심이 있어서 집적거리는 것도 집착을 하면 싸움을 거는 것이다. 도발에는 자아가 있다. 내가 있어서 도발하지 내가 없으면 도발하지 않는다. 선한 뜻으로 하는 도발도 자아를 가지고 하면 악한 도발이 된다.

욕망을 가지고 싸우는 도발은 천박한 본성이다. 남으로부터 도발을 받을 때 하나의 대상으로 알아차려서 반응하지 않으면 다툼에 휩쓸리지 않는다. 출세간은 있는 그대로 알아차려서 단지 작용하는 마음만 있어 갈등이 없고 자유롭다.

286. 무인론(無因論)

원인이 없다는 것은 잘못된 견해다. 원인을 부정하면 허황된 논리에 빠져 인간의 삶에 대한 근본치유가 어렵다. 원인이 무시되고 결과만 있으면 괴로움을 해결하는 출구가 없다. 원인이 있어서 결과가 생기는 것이 바른 견해다.

원인이 있어서 결과가 생겼을 때 원인이 제거되면 결과가 생기지 않는다. 태어날 원인이 있어서 태어나는 결과가 있다. 태어나는 원인이 있어서 태어나면 죽는 결과가 있어서 죽는다. 태어날 원인이 없으면 태어나지 않아 죽는 결과 없다.

태어남과 죽음은 괴로움이다. 대상을 있는 그대로 알아차려서 무상, 고, 무아의 지혜가 나면 모든 집착이 끊어져 태어날 원인이 사라진다. 태어나지 않아야 죽는 괴로움이 없다.

287. 욕망과 절제

욕망으로 하면 순리를 역행하여 하는 일이 꼬인다. 절제하면 순리를 따라 하는 일이 저절로 된다. 욕망으로 하는 일은 상황에 맞지 않고 무리해서 결과가 나쁘다. 절제하면 하는 일이 상황에 맞아 결과가 좋다.

욕망으로 하는 일은 만족할 줄 몰라 항상 화를 낸다. 절제하면서 하는 일은 만족할 줄 알아 항상 평온하다. 욕망으로 할 때는 대상을 알아차리지 못해 분수에 넘쳐 일을 그르친다. 절제할 때는 대상을 알아차려서 분수에 맞아 일이 바르다.

욕망으로 하면 덕이 없어 하는 일이 뒤틀린다. 절제하면 덕이 있어 하는 일이 저절로 된다. 욕망으로 하는 일은 어리석어서 많은 것을 잃는다. 절제로 하는 일은 지혜가 있어 많은 것을 얻는다.

288. 인생의 과정

사람의 성향은 하루아침에 만들어지지 않는다. 인간은 오랜 세월 동안 쌓인 축적된 성향의 지배를 받으면서 더 좋아지거나 더 나빠진다. 내가 선하고 싶다고 하루아침에 붓다가 될 수 없다. 내가 악하고 싶다고 하루아침에 흉악한 살인마가 될 수 없다.

무수한 과거 생의 원인으로 지금 선한 마음을 가지면 앞으로 더 선해진다. 무수한 과거 생의 원인으로 지금 악한 마음을 가지면 앞으로 더 악해진다. 현재의 몸과 마음을 있는 그대로 알아차리면 더 선한 성향이 쌓여 괴로움이 소멸한 성자가 된다.

지금 어리석게 살면 계속해서 더 악한 성향이 쌓여 비참한 삶을 산다. 인생은 끊임없이 반복되는 과정을 거치며 행복과 불행을 향해 달려간다.

289. 생명의 원천

인간이 언제부터 시작되었는지 알 수 없다. 어리석음에 눈이 멀고 욕망의 방해를 받아 마음이 흐려져서 인간의 시작은 알 수 없다. 인간의 궁극의 목표가 괴로움을 해결하는 것이라면 시원을 아는 것은 아무런 도움이 되지 않는다.

인간이 어느 때부터 시작되었다는 것을 알았다고 해서 번뇌를 해결하는데 무슨 도움이 되겠는가? 중요한 관점은 인간의 시작이 언제부터라는 시간에 있지 않고 생명을 유지하는 원천이 무엇인가를 아는 것이다.

인간은 과거의 어리석음으로 시작해서 현재는 욕망을 동반자로 살고 있다. 몸과 마음을 있는 그대로 알아차리면 어리석음이 지혜로 바뀌고 욕망이 관용으로 바뀌어 모든 번뇌가 소멸한 자유를 얻는다.

290. 인간

인간은 정신과 물질로 구성되어 있다. 정신의 다른 이름
은 마음이다. 마음은 앞서서 몸을 이끌며 대상을 아는 기
능을 한다. 마음은 매순간 일어나고 사라져서 나의 마음
이 아니고 단지 마음이다.

마음은 선한 마음과 악한 마음과 과보의 마음과 단지 작
용만하는 마음이 있다. 마음은 있지만 내 마음대로 할 수
없어 무아다. 물질의 다른 이름은 몸이다. 몸은 마음과 함
께 있으면서 마음의 토대가 된다.

몸은 매순간 일어나고 사라져서 나의 몸이 아니고 단지
몸이다. 몸은 여러 가지 물질로 구성되어 기능을 하면서
조건에 의해 결합하고 조건에 의해 분해된다. 몸은 스스
로 모양으로 드러나지만 내 마음대로 할 수 없어 나의 몸
이 아니다.

291. 하늘과 땅과 나무처럼

하늘이 되어라. 하늘은 어떤 것도 거부하지 않고 있는 그대로 받아들인다. 하늘에는 해와 달과 별이 자유롭게 뜨고 진다. 하늘은 바람과 비와 눈과 구름을 거부하지 않는다. 하늘은 언제나 평정심을 유지하고 있어 자유롭다.

땅이 되어라. 땅은 어떤 생명도 거부하지 않고 있는 그대로 받아들여서 안식을 제공한다. 땅은 깨끗한 것이나 더러운 것이나 좋아하거나 싫어하지 않는다. 땅은 언제나 평정심을 유지하고 있어 자유롭다.

나무가 되어라. 나무는 사람에게는 열매를 벌레에게는 먹이를 목수에게는 자기 몸을 나그네에게는 그늘을 제공한다. 나무는 아무것도 바라지 않고 자기가 선 자리에 의연하게 평정심을 유지하면서 자유를 구가한다.

292. 나로부터

상대의 잘못이나 나의 잘못이나 모두 나로부터 나온다. 상대의 잘못을 치유하거나 나의 잘못을 치유하는 것이 모두 나로부터 나온다. 내 몸과 마음이 있어서 사는 세상은 모든 것이 나로 인해서 생긴다.

상대의 잘못도 나로부터 직접적인 영향과 간접적인 영향을 받아서 생긴다. 나의 잘못도 내가 가진 마음과 선한과보의 마음과 악한 과보의 마음의 영향을 받아서 생긴다. 내가 대상을 있는 그대로 알아차리면 관용과 자애와 지혜가 생겨 모든 문제가 걸림이 없다.

내가 알아차리지 못해 탐욕과 성냄과 어리석음이 있으면 모든 문제가 걸린다. 지혜의 시작은 나로 인한 것이라고 알 때다. 지혜의 완성은 내가 없다는 진실을 알 때 이루어진다.

293. 마음

선한 마음은 관용과 자애와 지혜가 있다. 악한 마음은 탐욕과 성냄과 어리석음이 있다. 관용이 있으면 탐욕이 없다. 관용이 있으면 관용이 있어서 좋고 탐욕이 없어서 좋다. 자애가 있으면 성냄이 없다.

자애가 있으면 자애가 있어서 좋고 성냄이 없어서 좋다. 지혜가 있으면 어리석음이 없다. 지혜가 있으면 지혜가 있어서 좋고 어리석음이 없어서 좋다. 탐욕이 있으면 관용이 없다. 탐욕이 있으면 탐욕이 있어서 나쁘고 관용이 없어서 나쁘다.

성냄이 있으면 자애가 없다. 성냄이 있으면 성냄이 있어서 나쁘고 자애가 없어서 나쁘다. 어리석음이 있으면 지혜가 없다. 어리석음이 있으면 어리석음이 있어서 나쁘고 지혜가 없어서 나쁘다.

294. 심심할 때

심심할 때 재미있는 것을 찾지 마라. 심심할 때는 단지 심심한 마음을 알아차려라. 그런 뒤에 몸으로 와서 조용히 일어나고 꺼지는 호흡을 알아차려라. 심심한 것을 견디지 못하는 것은 감각적 욕망을 즐기려는 마음이다.

재미있는 것을 찾아 헤매는 방황은 종착역이 없다. 어떤 감각적 욕망도 나에게 완전한 즐거움을 줄 수 없다. 하나의 즐거움을 얻어도 이내 심심해져 다른 즐거움을 찾는다. 어느 때나 현재의 마음을 알아차린 뒤에 몸으로 와서 호흡을 알아차리면 마음이 편안해져 고요한 즐거움을 얻는다.

밖에서 다른 것을 구하는 것으로는 자신의 욕망을 충족시킬 수 없다. 심심한 것은 지금 이것이 있으니 와서 보라고 나타난 법이다.

295. 괴로울 때

괴로울 때 괴로움에서 벗어나려고 하지마라. 괴로울 때는 단지 괴로운 마음을 알아차려라. 그런 뒤 몸으로 와서 조용히 일어나고 꺼지는 호흡을 알아차려라. 괴로움은 생길 만해서 생긴 원인과 결과다.

이미 생긴 결과는 있는 그대로 받아들이는 것이 가장 현명한 해결방법이다. 괴로움은 느낌이다. 느낌은 나의 느낌이 아니고 감각기관이 경험하는 느낌이다. 괴로울 때 이것이 누구의 느낌인지 알아차려라.

느낌은 짧은 순간에 일어나서 사라진다. 사라진 느낌을 마음이 기억해서 가지고 간다. 괴로울 때 괴로움을 두려워하지 말고 조금만 참아라. 조금만 참아도 마음이 진정된다. 괴로운 느낌은 지금 이것이 있으니 와서 보라고 나타난 법이다.

296. 즐거울 때

즐거울 때 즐거움에 취하지마라. 즐거울 때는 단지 즐거운 마음을 알아차려라. 그런 뒤에 몸으로 와서 조용히 일어나고 꺼지는 호흡을 알아차려라. 즐거움은 필요한 것이다. 그러나 즐거움을 알아차리지 못하면 괴로움이 된다.

즐거움을 집착하면 즐겁지 않을 때 괴롭다. 즐거움을 알아차리지 못하면 감각적 욕망의 노예가 되어 슬픔과 비탄에 빠진다. 모든 괴로움은 즐거움을 집착한 결과로 인해 생긴다. 완전한 즐거움은 대상을 있는 그대로 알아차려서 생긴 지혜로 모든 집착을 여의었을 때 얻는다.

즐거움을 알아차리지 못하면 목마름과 아만과 회의에 빠진다. 즐거움을 알아차리면 갈증이 해소되고 치우침이 없는 마음이 되어 자유롭다.

297. 그분

그분은 없다. 그분은 내게 오지 않는다. 나를 마음대로 할
수 있는 자아는 없다. 내가 존재한다거나 초월적 존재를
인정하면 그분이 있을 수 있다. 깨달음의 정신세계에서는
나를 소유하는 자아가 없어 그분도 없다.

인간의 인식은 여섯 가지 감각기관이 감각대상과 접촉해
서 생긴다. 이때 일어난 느낌을 있는 그대로 알아차리지
못하면 표상이 일어난다. 이때의 표상이 실재하지 않는
가상의 존재를 만든다.

그분이 왔다고 느꼈다면 대상과 하나가 되어 집중이 되
었을 때다. 태어나서 몸과 마음이 생긴 이래 마음은 몸을
떠날 수 없다. 다른 사람의 마음이 내게 들어 올 수도 없
다. 집중의 상태에서 자신이 바라는 존재가 상상으로 나
타난다.

298. 자존심

자존심이 상해서 우는 울음은 슬픔이 아닌 분노다. 슬픔이나 분노의 뿌리는 자아다. 자존심은 모든 일에서 내가 우선이라 항상 문제를 안고 있다. 자기중심으로 생각하면 남이 없어 불화의 씨앗이 된다. 나만 있고 남이 없으면 이기적이라서 어리석은 일이다.

내가 자존심이 상하는 일을 겪었다면 내 생각만 하는 행동했기 때문이다. 아니면 상대가 자기만 생각하는 행동을 했기 때문이다. 나 중심으로 생각해서 행동하거나 상대중심으로 생각해서 하는 일은 똑 같다. 그러므로 누구를 탓할 것 없다.

두 가지 경우가 모두 자아에 뿌리를 두고 있다. 나나 상대나 자기를 내세우는 것을 있는 그대로 알아차리면 자존심이 없어 슬픔과 분노가 없다.

299. 난관

인간이 살아가는데 수많은 난관이 있다. 하나의 어려움에 부딪쳐서 어렵게 극복하면 또 다른 어려움이 닥친다. 시간이 지나면 또 다른 어려움에 봉착하고, 자고 나면 또 다른 어려움이 생긴다.

인생은 어려움의 연속이다. 인간의 어려움은 인간의 숫자만큼 다양하다. 인간의 어려움은 어리석음과 탐욕으로부터 비롯된다. 모든 인간은 어리석음과 탐욕의 수준이 다르기 때문에 어려움의 형태도 다양하다.

어리석음과 욕망이 다른 만큼 어려움에 대한 방편도 다양하다. 많으면 빼주어야 하고 부족하면 채워주어야 한다. 인간의 숫자만큼 방편도 다양하지만 모든 방편을 아우르는 단 하나의 길이 있다. 오직 대상을 있는 그대로 알아차리는 것이다.

300. 하루

하루가 지나고 다시 하루가 시작된다. 오늘은 어제와 똑같은 하루인가 아니면 다른 하루인가? 무상을 모르면 똑같은 하루고 무상을 알면 다른 하루다. 똑같은 하루는 무료하고 다른 하루는 새롭다.

관념으로 보는 하루와 있는 그대로의 실재를 보는 하루는 다르다. 관념으로 본 하루는 무료하지만 실재를 본 하루는 새롭다. 인간은 자기 인생을 이끌어 갈 때도 있고 이끌려 갈 때도 있다. 관념으로 본 인생은 이끌려가고 실재를 본 인생은 이끌어간다.

하나의 대상을 같다고 보는 것과 다르다고 보는 것은 어리석음과 지혜의 차이다. 어리석으면 과거를 답습하는 습관에 이끌려 떠밀려 산다. 지혜가 있으면 현재를 새롭게 이끌어 보람 있게 산다.

301. 법

법을 얻으려면 법의 눈으로 보아야 한다. 내 눈으로 보면
법을 볼 수 없다. 법은 있는 그대로의 사실이다. 있는 그
대로의 사실이 진실이다. 법은 와서 보라고 진실을 드러
내고 있다. 법을 얻으려면 법의 기준에 맞추어야 한다.

법을 내 기준에 맞추면 진실을 발견하지 못한다. 대상을
있는 그대로 보는 것이 혜안이다. 있는 그대로 보지 않으
면 눈을 뜬 장님이다. 깨달음의 길이 어려운 것은 모든 대
상을 자기 기준으로 보기 때문이다.

내가 없는 세상을 살아본 적이 없으면 어떤 대상이나 있
는 그대로 볼 수 없다. 사물의 궁극의 이치를 알아 해탈의
자유를 얻으려면 아무것도 바라지 않고 자기 몸과 마음을
알아차려서 통찰지혜가 나야 한다.

302. 나

모든 괴로움에는 항상 내가 있다. 내가 없으면 괴로울 일도 없다. 내가 있어서 생긴 자존심이 침해받으면 싫어한다. 자존심을 건드리면 사소한 일도 화를 낸다. 몸과 마음은 있지만 이것을 소유하는 자아는 없다.

몸과 마음은 조건에 의해 매순간 일어나고 사라지는 연속적 현상만 있다. 몸과 마음을 내 마음대로 하지 못해 내 것이나 나라고 할 수 없다. 나는 단지 부르기 위한 명칭일 뿐이다. 몸과 마음은 있지만 나라고 할 수 있는 실체가 없어 무아다.

인간의 가장 큰 숙제는 모든 괴로움의 원인인 자아의 실체를 규명하는 것이다. 자존심을 정체성의 근간으로 삼고 있으면 영원히 괴로움에서 벗어나지 못한다. 이것처럼 어리석은 일은 없다.

303. 나 여기 없소

인간은 태어나는 순간부터 울음으로 '나 여기 있소'를 외친다. 이렇게 시작된 한평생은 오직 나를 위해 산다. 나를 위해 남과 경쟁하면서 빼앗고 빼앗긴다. 나를 위해 남과 지내며 사랑하고 미워한다.

재산과 명예를 얻어도 만족하지 못하고 얻지 못하면 더욱 괴롭다. 나를 위해 노력했지만 갈수록 괴로움만 쌓인다. 내가 얻는 것은 늙고 병든 몸과 죽음에 대한 두려움이다. 나를 위해 살아도 내가 바라는 것을 다 얻을 수 없다.

몸과 마음을 있는 그대로 알아차리면 내가 없고 단지 조건에 의해 일어나고 사라지는 현상만 있다. '나 여기 없소'를 알 때 비로소 모든 괴로움이 사라진다. 내가 없다고 알 때 욕망이 사라진 순수한 생명이 있다.

304. 만남과 헤어짐

헤어졌다고 헤어진 것이 아니다. 헤어졌어도 생각으로 만난다. 실제로 만나는 것이나 생각으로 만나는 것이나 만나는 것은 다를 것이 없다.

실제로 만난다고 해서 상대를 소유할 수 있는 것도 아니다. 생각으로 만난다고 해서 상대를 소유할 수 있는 것도 아니다. 만남이 헤어짐이고 헤어짐이 만남이다. 단지 실제와 생각의 차이일 뿐이므로 만남과 헤어짐은 일상의 과정이다.

꿈에서 애틋한 사람을 만났다. 다음에 시간을 내서 만나자고 약속하고 헤어졌다. 꿈에서 깨어나고 보니 이미 죽은 사람이다. 그가 죽어도 내 마음에서는 죽은 것이 아니다. 헤어져도 헤어진 것이 아니고 죽어도 죽은 것이 아니다. 내 마음에서 떠날 때가 끝난 것이다.

305. 욕망과 절제

감각적 욕망은 일상의 사소한 일로부터 시작된다. 불행의 시작은 무심히 하는 행동에서 비롯된다. 먹고 싶고 입고 싶고 자고 싶은 일상의 욕구가 조금씩 습관화되면 제어할 수 없는 욕망으로 커진다.

욕망이 커지면 본능으로만 살아 인간의 규범이 무너진다. 무엇이나 자기가 하고 싶다고 해서 마음대로 해서는 안 된다. 욕망은 아무리 얻어도 만족할 줄 모르는 특성이 있어서 절제하지 않으면 방종에 빠진다.

세간이나 출세간이나 산다는 것은 같다. 세간은 절제가 없고 출세간은 절제가 있다. 절제하기 위해서는 대상을 있는 그대로 알아차려야 한다. 세간에서는 알아차리지 못해 괴로움이 연속된다. 출세간에서는 알아차려서 괴로움이 없다.

306. 생명

모든 생명은 원인이 있어서 결과로 태어났다. 인간만 존귀한 생명으로 태어나지 않았다. 모든 생명은 저마다의 위치에서 생존할 권리가 있다. 어떤 생명이나 예외 없이 존중되어야 한다. 모든 생명은 살기 위해서 태어났으므로 생존할 의무가 있다.

인간은 다른 생명을 해칠 권리가 없다. 내가 다른 생명을 해칠 권리를 가지면 다른 생명도 나를 해칠 권리를 갖는다. 내가 다른 생명을 보호하면 다른 생명도 나를 보호한다. 나의 이익을 위해서 다른 생명을 해치면 악업의 과보를 받아 내 생명이 단축된다.

나의 이익을 위해 다른 생명의 짝을 죽이면 악업의 과보로 내 짝이 죽음을 당한다. 내가 다른 생명을 존중할 때 내 생명이 존귀해 진다.

옹 달 샘 **11**

307. 부족과 오만

부족하면 채워서 바꿀 수 있지만 오만하면 채울 수 없어 바꾸지 못한다. 부족하면 연민의 정을 느끼게 하지만 오만하면 혐오를 느끼게 한다. 부족하면 배우려 해서 발전하지만 오만하면 배우려 하지 않아 퇴보한다.

부족하면 몰라서 겸손하지만 오만하면 모르면서도 안다고 과시한다. 부족한 것이 자랑할 것은 못된다. 모르는 것을 인정하는 것이 바른 자세다. 인간은 모르고 태어나서 알 때까지 계속 배워야 한다.

지식은 생각으로 아는 것이고 지혜로 알아야 진실을 바르게 안다. 몸과 마음을 있는 그대로 알아차리면 모든 것은 변하고 괴로움이 있고 나라는 실체가 없다고 바르게 안다. 완두콩알 만한 자아가 있어도 출세간에 이르지 못한다.

308. 다양함

진리는 언제나 진리가 아닌 것과 더불어 있다. 온전하지 못한 것 속에 온전함이 함께 있다. 불완전한 것 속에서 완전함이 성숙되어 간다. 현상계는 다양하게 존재하는 것이 특성이다. 세상에 오직 어느 것 하나만 존재하는 것은 불가능하다.

다양함을 존중하지 않는 것이 가장 큰 독선이고 해악이다. 인간은 모양이 다양하고 마음이 다양하므로 행위가 다양하다. 견해가 다르면 능력도 다양하고 종교도 다양하고 선과 악도 다양하다.

다양한 것을 인정하지 못하면 다툼이 생기고 다양한 것을 인정하면 평화롭다. 오직 선만 있고 악이 없다면 어느 순간에 선이 독선이 되어 악이 되고 말 것이다. 하나만 있으면 무엇이 바른지 비교할 수 없다.

309. 있는 그대로

있는 그대로의 상태가 진리다. 있는 그대로의 상태일 때 논쟁의 여지가 없다. 있는 그대로 상태를 존중하면 원인이 있어서 생긴 결과를 받아들이는 것이다. 있는 그대로의 상태를 알아차릴 때는 선과 악이 없고 좋고 나쁨이 없고 너와 내가 없다.

여기에는 단지 하나의 현상만 있다. 선이 옳고 악이 그릇되었다는 전제가 있으면 대상이 가진 본질을 알 수 없다. 중요한 것은 옳고 그름이 아니고 대상이 가지고 있는 본질이 무엇인가를 아는 것이다.

옳다고 주장하면 항상 옳다고 할 것이고 그릇되었다고 주장하면 항상 그릇되었다고 주장할 것이다. 여기에는 진실이 없다. 대상을 있는 그대로 알아차릴 때 무상, 고, 무아의 진리가 드러난다.

310. 옳고 그름

거꾸로 가는 자는 바르게 가는 자의 스승이다. 거꾸로 가는 자가 있어서 바르게 가야할 필요를 안다. 세상은 거꾸로만 가지도 않고 바르게만 가지도 않는다. 옳은 것이 있으면 그른 것이 있는 것이 현상계의 질서다.

견해가 바르다고 해서 항상 바르지 않다. 견해가 그릇되었다고 해서 항상 그릇되지도 않다. 모든 것은 무상하므로 있는 그대로 알아차려야 한다. 선한 자의 정의로 볼 때는 악이 소멸되어야 한다.

하지만 이미 형성된 세상에서는 구조적으로 선만 있고 악이 없을 수 없다. 선은 악을 존중한다. 선이나 악이나 모두 알아차릴 대상이기 때문이다. 악은 선을 존중하지 않는다. 이것이 다양함을 존중하는 선이 악에 승리하는 이유다.

311. 행복과 불행

나의 행복과 불행은 누가 주는 것이 아니고 내 마음이 만든다. 내가 선한 마음을 가지면 선한 행동을 해서 현재도 행복하고 선한 과보를 받아 미래도 행복하다. 내가 악한 마음을 가지면 악한 행동을 해서 현재도 불행하고 악한 과보를 받아 미래도 불행하다.

선한 마음이란 다름 아닌 지혜를 가진 마음이다. 지혜가 있으면 관대함과 자애를 가져 스스로 행복을 만든다. 지혜가 있으면 감각적 욕망의 고통을 괴로움으로 알아 어리석은 행위를 하지 않는다.

악한 마음이란 다름 아닌 어리석은 마음이다. 어리석으면 탐욕과 성냄을 가져 스스로 불행을 만든다. 어리석으면 감각적 욕망의 고통을 즐거움으로 알아 지혜로운 행위를 하지 않는다.

312. 사람의 마음

사람을 믿지 마라. 사람의 마음은 매순간 변한다. 사람의 마음은 선한 마음과 악한 마음을 함께 가지고 있으면서 조건에 따라 변한다. 여기에 과거의 행위로 인해서 생긴 선한 과보의 마음과 악한 과보의 마음까지 있어 마음은 종잡을 수 없다.

선한 마음을 가졌어도 어리석음에 따라 한순간 악한 마음으로 바뀐다. 악한 마음을 가졌어도 지혜에 따라 한순간에 선한 마음으로 바뀐다. 선한 과보의 마음이 일어났어도 조건에 따라 한순간에 악한 과보의 마음으로 바뀐다.

악한 과보의 마음이 일어났어도 조건에 따라 한순간에 선한 과보의 마음으로 바뀐다. 오직 믿을 수 있는 것은 자기 마음을 알아차려서 번뇌에 물들지 않도록 하는 것이다.

313. 능력과 과보

관대함이 능력이다. 관대함이 있으면 평화롭다. 자애가
능력이다. 자애가 있으면 풍요하다. 지혜가 능력이다. 지
혜가 있으면 행복하다. 선한 마음이 능력이다. 자신의 능
력은 자신으로부터 나온다.

무엇이나 내가 행한 대로 나타난다. 콩을 심은 곳에 콩의
싹이 난다. 콩을 심지 않으면 콩의 싹이 나지 않는다. 자
신이 한 행위에 대한 과보가 언제 어떻게 현실로 나타날
지 모른다. 선한 일을 하면 선한 일을 하는 순간에 기쁨을
얻지만 미래에 나타나는 과보는 미묘해서 인간의 능력으
로 알 수 없다.

분명한 것은 현재의 생각이 과거로부터 온 것이라는 사실
이다. 현재의 몸과 마음을 알아차리면 새로운 원인을 만
들어 새로운 결과가 생긴다.

314. 생각의 흐름

생각이 다양한 방향으로 흐르면 그만큼 사유의 폭이 넓어진다. 생각을 하나의 방향으로만 고집하면 외골수가 된다. 한번 결정한 생각으로 좌우를 돌보지 않고 행동하면 위험하다. 생각을 알아차려서 탄력적으로 적용해야 위험이 없다.

생각은 뜬구름 같고 매순간 일어나고 사라져 완전하지 않다. 필요에 따라 언제든지 생각을 바꿀 수 있어야 한다. 무슨 일이나 선입관을 가지고 판단하지 말고 있는 그대로 알아차려야 한다.

생각의 흐름이 경직되면 융통성이 없어 고독한 성에 갇힌다. 생각의 흐름은 창의력을 키우고 지혜로 인도한다. 생각의 흐름이 자유로우면 하나를 알아도 열을 할 수 있다. 생각의 흐름이 막히면 하나도 바르게 할 수 없다.

315. 생각과 꿈

꿈은 평소 생각의 연장이다. 평소에 자기가 무슨 생각을
하고 사는지 잘 모른다. 꿈을 통해 평소 생각의 실재를 알
수 있다. 꿈은 과거에 있었던 기억의 조각들이 표상으로
나타난다. 꿈은 앞뒤가 맞지 않아 일관성이 없고 현실적
이지 못하다.

이러한 꿈을 통해 평소의 생각이 얼마나 혼란한 상태인지
알 수 있다. 잠을 자지 않는 동안에는 여섯 가지 감각기관
이 작용해서 평소의 생각을 알기 어렵다. 잠을 자는 동안
에는 마음의 감각기관만 작용해서 생각의 실재가 어떤지
알 수 있다.

꿈이 일관성 없이 혼란한 것은 평소의 생각이 일관성 없
이 널뛰듯 한다는 것을 의미한다. 생각과 꿈은 무상하고
괴로움이며 무아다. 꿈은 단지 꿈일 뿐이다.

316. 알고, 말고

대상을 있는 그대로 알아차려서 무상, 고, 무아의 지혜가 나도 자기 습성이 즉각 고쳐지지 않는다. 습성은 오랫동안 이어져온 축적된 성향이라 쉽게 바꿀 수 없다. 지혜는 무수한 겹이 있어서 한걸음씩 진실을 향해서 가야 한다.

지혜를 얻었다고 나의 지혜가 아니다. 지혜도 매순간 일어나고 사라져서 무상하다. 지혜를 얻었다고 자만에 빠지면 다시 원래의 어리석음으로 돌아간다. 완전한 지혜가 나서 축적된 성향을 바꾸려면 끊임없이 알고 말고의 과정을 반복해야 한다.

대상의 성품을 안 뒤에 마음이 청정해야 다음 단계의 지혜가 성숙되어 조금씩 축적된 성향이 개선된다. 이런 과정은 이번 생뿐만 아니고 다음 생까지도 계속되어야 한다.

317. 바라는 마음

바라는 마음이 있으면 무리한 행동을 한다. 무리한 행동을 하면 결과가 나쁘다. 바라는 마음으로 무리하면 선한 일도 욕망으로 해서 나쁜 결과가 생긴다. 욕망으로 하는 일은 어떤 결과도 만족하지 못한다.

욕망으로 해서 생긴 나쁜 결과란 스스로 만족하지 못하는 것이다. 만족하지 못해서 후회를 하면 어리석은 일이다. 이러한 어리석음 뒤에는 항상 자아가 있다. 내가 없다면 어리석은 일을 하지 않는다.

하지만 누구도 내가 없다는 것을 알 수 없어 어리석음이 계속된다. 선한 일도 어떤 의도를 가졌느냐에 따라 결과가 다르다. 선한 일이 선한 일로 끝나려면 바라는 마음이 없어야 한다. 바라는 마음이 있어 괴로움에서 벗어나지 못한다.

318. 자아(自我)

자아가 강하면 이기적이다. 이기적이면 덕이 없다. 덕이 없으면 도가 없다. 자아가 강하면 나만 있고 남은 없다. 나만 있고 남이 없으면 나 하나도 지키지 못한다. 덕이 없으면 자신이나 남에게 베풀지 못해 인색하다.

인색하면 마음이 메말라 가진 것이 있어도 누리지 못하고 항상 곤궁하게 산다. 이기적이면서도 덕이 있으면 그나마 숨을 쉴 여지가 있어 불행 속에서도 희망을 찾는다. 도가 없으면 옳고 그름을 판단하지 못한다.

옳고 그름을 판단하지 못하면 어리석어서 양심이 없고 부끄러워할 줄 모른다. 부끄러움을 모르면 인간의 도리를 몰라 계율이 없다. 내가 있다는 생각은 만병의 근원이다. 내가 있으면 보고도 못 보는 장님이다.

319. 호의

남이 내게 잘하면 잘하는 만큼 바라는 것이 많아진다. 바라는 것이 많으면 바라는 만큼 싫어하는 것이 많아진다. 싫어하는 것이 많으면 싫어하는 만큼 관계가 나빠진다. 결국에는 배신했다는 말을 들으며 안 좋게 헤어진다.

남의 호의를 무조건 거절해서는 안 된다. 상대가 선한 공덕을 쌓는 일이기 때문이다. 하지만 상대의 호의가 지나치면 적절하게 사양해야 한다. 좋은 일이 좋은 일로 그치려면 좋을 때 알아차려서 화가 미치지 않도록 해야 한다.

좋아하면 좋아하는 것을 집착해서 달라고 하지도 않은 정을 잔뜩 준다. 그런 뒤 자기가 기대한 만큼 돌아오는 것이 없으면 원망을 한다. 정이 많은 사람은 한이 많아 스스로 괴로움을 만든다.

320. 무상

즐거움은 일어난 순간 사라진다. 괴로움은 일어난 순간 사라진다. 덤덤함은 일어난 순간 사라진다. 모든 것은 매 순간 일어났다 사라지면서 연속된다. 지혜가 나면 덧없음을 받아들이고 어리석으면 받아들이지 못한다.

모든 현상은 일어났다가 사라지는데 내 마음이 거부하면 현상계의 질서와 충돌해서 괴로움이 생긴다. 일어났다 사라지는 것을 받아들이면 그 자리에 자유의 싹이 돋는다. 일어났다 사라지는 것을 받아들이지 못하면 그 자리에 속박의 싹이 돋는다.

자유도 스스로 얻고 속박도 스스로 얻는다. 자유는 창공을 나는 새와 같고 속박은 감옥에 갇힌 죄수와 같다. 일어났다 사라지는 질서에 귀의할 때 사물의 이치를 알아 괴롭지 않다.

321. 괴로움

괴로울 때 괴로워하는 것과 괴로움이 있는 것을 아는 것
은 다르다. 괴로워하면 괴로움에서 벗어나지 못한다. 괴
로움이 있는 것을 알아야 괴로움에서 벗어난다. 괴로워하
면 괴로움이 더 커진다.

괴로움이 있은 것을 알면 괴로움이 소멸한다. 욕망을 가
지고 살면 괴로움에서 벗어나지 못한다. 괴로움이 있는
것을 알면 괴로움의 원인이 욕망이라는 사실을 알아 괴로
움에서 벗어난다.

괴로움에서 벗어나려고 몸부림치면 거미줄에 걸린 곤충처
럼 괴로움이 더 몸과 마음을 조인다. 괴로움을 있는 그대
로 알아차리면 스스로 거미줄에서 벗어난다. 괴로움은 와
서 보라고 나타난 법이다. 괴로움이 있는 것을 아는 것이
바른 견해며 성스러운 진리다.

322. 진실

진실은 거짓이 없고 참되어서 욕망에 눈이 멀면 드러나지 않는다. 진실은 사람의 입에 오르내리지 않아도 필요한 것이라서 훌륭하다. 유명해야 빛나는 것은 아니다. 진실은 숨어 있어도 빛난다.

진실은 진실과 통하고 거짓과는 통하지 않는다. 무엇이나 있는 그대로 알아차리는 것이 진실이다. 있는 그대로 알아차리면 언어의 유희가 없어 무미건조해 보이지만 실재하는 것이라서 가장 실답다.

복잡하고 현학적인 것이 가치가 있어 보이지만 진실은 단순하고 꾸밈이 없어 고결한 가치가 있다. 있는 그대로의 진실보다 더 아름다운 것은 없다. 진실이 어리석은 사람으로부터 소외되고 핍박을 받아도 이 세상은 진실이 있어서 살만한 가치가 있다.

323. 가치와 도

가치가 있는 것은 가치가 없는 것을 기꺼이 포용한다. 가치가 있다는 것은 가치가 없는 것을 포용하기 때문이다. 가치가 없는 것은 가치가 있는 것을 포용하지 않는다. 가치가 없다는 것은 가치가 있는 것을 포용하지 않기 때문이다.

내가 최고라고 하는 것에는 보편적 진실이 없다. 보편적 진실이 없는 것은 진리가 아니다. 특정한 사람만 소유하지 않고 누구나 똑같이 공유할 수 있어야 진리다. 바른 도는 바르지 못한 도를 수용한다.

바른 도라는 것은 바르지 못한 도를 수용하기 때문이다. 바르지 못한 도는 바른 도를 수용하지 않는다. 바르지 못한 도라는 것은 바른 도를 수용하지 않기 때문이다. 바른 도가 진정한 가치를 지닌 진리다.

324. 습관

습관에 길들여지면 변화를 싫어한다. 생각에 길들여져서 변화를 싫어하면 발전하지 못한다. 누구나 보수와 진보의 성향을 함께 가지고 있다. 하지만 일반적으로 습관을 바꾸려하지 않아 보수적인 경향이 많다.

물론 바른 견해로 인해서 생긴 습관은 바뀌지 않아야 한다. 그러나 바르지 못한 견해로 인해서 생긴 습관은 개선되어야 한다. 생각에 길들여지고 습관에 길들여지고 제도에 길들여지면 새장에 갇힌 새와 같다.

입맛에 길들여지면 다른 음식을 먹을 수 없어 편식을 한다. 입던 옷에 길들여지면 새 옷을 입을 수 없다. 보수는 게으름에 빠져 나태하고 진보는 활력에 취해 위험하다. 대상을 있는 그대로 알아차리면 조화를 이룰 수 있다.

325. 괴로움의 도피

괴로울 때 정신을 흐리게 하는 술이나 약물이나 도박이나 다른 감각적 욕망을 충족하는 일로 해소하려고 하지마라. 모두 괴로움으로부터 도피하는 것이다. 괴로움으로부터 도피하면 괴로움을 더 키운다.

괴로움을 해결하는 방법을 밖에서 구하지 말고 자기 몸과 마음에서 구해야 한다. 괴로움을 있는 그대로 알아차리는 것이 괴로움을 해결하는 유일한 길이다. 괴로움을 알아차리면 괴로움은 욕망으로 인해서 생긴 하찮은 두려움에 불과하다.

괴로움은 내가 일으킨 원인으로 인해서 생긴 결과다. 나에게 주어진 어떤 가혹한 형벌도 받을 만해서 받는 것이라고 알면 괴롭지 않다. 괴로움은 어리석음의 눈을 뜨게 하고 인생을 반전시키는 법이다.

326. 알아차림

알아차리면 지혜의 눈을 뜨고 알아차리지 못하면 미혹에 눈이 먼다. 알아차리지 못하면 하찮은 자존심을 버리지 못한다. 알아차리지 못하면 탐욕과 성냄과 어리석음을 버리지 못한다. 알아차리지 못해 손해를 이익으로 알고 부질없이 움켜쥔다.

내 것이라고 알지만 내가 소유할 수 있는 것은 없다. 모든 것이 일어났다가 사라지는 연속적 현상만 있다. 내가 소유한다고 아는 것은 꿈이다. 알아차리지 못하면 꿈속에서 또 꿈을 꾸어 진실을 자각하지 못한다.

알아차리지 못해 지위와 돈을 탐닉하다 형장으로 끌려가는 비참한 고통을 겪는다. 알아차리면 부귀영화가 물거품과 같다는 것을 알아 자유를 얻는다. 알아차림만이 나를 괴로움에서 구한다.

327. 미움

미워하는 것은 미워하는 것을 좋아하기 때문이다. 싫어서 미워하지만 사실은 좋아하는 것이 충족되지 않아서 미워한다. 미워하는 것과 좋아하는 것은 동전의 양면처럼 붙어있다. 미워하는 것을 좋아하는 것은 어리석은 일이다.

미워하는 것을 좋아하는 어리석음에는 항상 자아와 욕망이 숨겨져 있다. 미워하는 마음 하나에 다양한 마음이 포함되어 있어 누구도 미워하는 것을 포기하기 어렵다. 미워하는 것은 화를 내는 것이다.

화를 낼 때는 화를 내는 것 하나만 있지 않고 질투와 인색과 후회도 함께 있다. 이것이 모두 선하지 못한 마음으로 해로움을 준다. 남을 미워할 때 내 얼굴은 찡그린 모습으로 일그러지고 마음은 분노로 가득 찬다.

328. 혈통은 없다

어울려 사는 사회에서 순수한 혈통을 주장하는 것은 독선
이다. 씨족이라는 것은 관념이다. 내가 아버지의 혈통으
로 어떤 성(姓)을 받아 태어나도 어머니와 할머니와 또 그
위의 할머니로 계속 혈통이 섞여 순수한 피가 보존될 수
없다.

순수한 혈통은 단지 생물학적 견해다. 모든 사람은 남녀
의 구별 없이 단지 사람이다. 나와 너도 부르기 위한 명
칭일 뿐이지 자아가 있어서 특별하게 구별하는 것이 아니
다. 특별하게 선택받은 인간이나 민족은 없다. 모두 조건
에 의해 태어나고 죽는 과정만 있다.

특별하다고 하면 남을 배척하는 편견을 가질 수 있다. 인
간은 어떤 편견도 없이 단지 인간으로 살아야 다툼이 없
는 평화로운 삶을 살 수 있다.

329. 마음의 흐름

마음이 표류하게 두지마라. 마음이 일정한 방향으로 가도록 해야 한다. 마음이 표류하면 좋아하거나 싫어한다. 마음이 일정한 방향으로 가면 좋아하거나 싫어하지 않고 있는 그대로 알아차린다.

좋아하면 허물이 있어도 무조건 감싸서 보고도 못 보아 눈이 먼다. 싫어하면 허물이 있을 때 무조건 나쁘게 되기를 바라 몸과 마음이 불탄다. 있는 그대로 알아차리면 좋아하거나 싫어하지 않고 하나의 현상으로 본다.

무조건 감싸는 것은 탐욕이고 무조건 나쁘게 되기를 바라는 것은 성냄이다. 하나의 현상으로 보면 지혜를 얻는 조건을 만든다. 마음이 표류하면 어리석음에 빠져 불행하다. 마음이 일정한 방향으로 가면 통찰지혜가 나 행복하다.

330. 죽은 여인의 잔상

당신은 그렇게 갔습니다. 죽어가는 사람이 있다는 지인의 부탁으로 만난 당신은 정말 죽어가고 있었습니다. 당신은 모르는 것이 없었고 자기 신념에 대해 확신에 차 있었습니다. 당신은 만나자마자 나를 가르치러 왔느냐고 물었습니다.

나는 친구가 되려고 왔다고 했습니다. 당신은 조금 경계를 늦추었습니다. 나는 무엇이 젊은 당신을 죽음으로 몰고 갔는지 모릅니다. 하지만 당신은 태어나면 죽는다는 엄연한 진실을 받아들이지 않았습니다.

죽음은 업의 당연한 결과입니다. 당신이 죽은 뒤 내가 친구가 되자고 했던 말에 마음을 열었다는 것을 전해 들었습니다. 당신은 진리보다 따뜻한 손길을 원했던 것을 알고 잠시 허공을 쳐다봅니다.

331. 업의 과보

인간은 자기 생각과 말과 행위로 업을 짓는다. 업은 의도가 있는 행위로 그에 따른 과보를 받아 행복과 불행을 겪는다. 인간이 업의 과보를 피해 숨을 곳은 없다. 땅이나 하늘이나 바다나 어디도 숨을 곳이 없다.

하지만 인간이 과거의 생각과 말과 행위로 업을 지었듯이 현재의 생각과 말과 행위로 업을 극복할 수 있다. 업을 극복할 수 있는 것은 모든 생명 중에서 인간만 누리는 특권이다. 이미 지은 업은 과보가 없어지지 않는다.

허나 새롭게 선한 생각과 말과 행위를 하면 선한 과보를 받아 불행을 극복할 수 있다. 또 몸과 마음을 있는 그대로 알아차리면 존재의 성품인 무상, 고, 무아의 지혜가 나 괴로움뿐인 윤회에서 벗어날 수 있다.

332. 무상의 행복

모든 것은 일어났다가 사라진다. 일어났다가 사라져서 무상하다. 생물이나 무생물이나 유기물이나 무기물이나 끊임없이 변한다. 변하지 않는 것은 없으므로 영원한 것은 없다. 모든 것은 변하기 때문에 불안정하다.

불안정한 것은 두렵고 괴로움이다. 그래서 변하지 않고 항상 하기를 바란다. 무상해서 괴로운 것이 세간의 진리다. 무상해서 행복한 것이 출세간의 진리다. 무상하지 않고 항상 하다면 과거의 원인으로 인해서 생긴 현재의 괴로움에서 벗어나지 못한다.

무상해서 일어났다 사라진 자리에 새로운 싹아 돋아날 수 있다. 괴로운 기억의 퇴적층이 사라지지 않는다면 결코 불행에서 벗어나지 못한다. 무상해서 깨달음을 얻을 수 있다.

333. 괴로움의 행복

괴로움은 여기 괴로움이 있으니 와서 보라고 나타난 법이다. 괴로움이 있어서 행복을 찾는다. 괴로움이 없으면 행복이 무엇인지 모른다. 괴로움은 행복을 위한 불가피한 과정이다. 괴로움이 있는 것은 깨달은 자가 처음 밝힌 진실이다.

괴로움이 있는지 알아서 괴로움의 원인인 감각적 욕망이 발견되었다. 몸과 마음을 있는 그대로 알아차리는 수행을 하면 열반에 이르러 괴로움이 소멸된다. 이상의 사성제는 성인이 되어야 아는 진리다.

괴로움은 일어났다가 사라지는 순간의 느낌이다. 괴로움은 단지 감각기관의 느낌으로 나의 괴로움이 아니다. 욕망이 충족되지 않아서 생긴 괴로움은 하찮고 실체가 없다. 괴로움 끝에 지고의 행복이 있다.

334. 무아의 행복

몸과 마음은 있지만 이것을 지배하는 나는 없다. 무엇이나 내 마음대로 할 수 있는 것이 아니다. 태어남과 죽음이 내 마음대로 되지 않는다. 행복과 불행이 내 마음대로 되지 않는다. 내가 없다는 사실은 상상하기 힘든 진리다.

나는 부르기 위한 명칭으로 실재하는 나는 없다. 무아는 성자가 발견한 인류사에서 가장 위대한 지혜다. 모든 지혜는 무아로 귀결된다. 무아의 통찰에 따라 깨달음의 깊이가 다르다. 모든 괴로움은 내가 있다는 것에서 출발한다.

내가 없을 때 욕망이 소멸하여 괴로움에서 벗어난다. 자아의 두꺼운 껍질에서 벗어날 때 번뇌가 소멸한 출세간의 행복이 있다. 무아는 두려움이 아니고 완전한 자유라서 지고의 행복이다.

335. 세간과 출세간

세속은 탐욕과 성냄과 어리석음으로 항상 혼란하다. 세속은 어리석음을 부추기는 자아가 있어 거짓과 모함으로 투쟁이 끊이지 않는다. 어리석으면 세속의 번잡한 일에 관심이 많아 스스로 분노하고 괴로움을 만든다.

괴로움은 누가 주는 것이 아니고 자신의 세속적 성향이 만든다. 세속의 마음은 가면을 쓴 광대와 같아 어떤 돌출적인 행동을 할지 알 수 없다. 출세간은 관용과 자애와 지혜가 있어 항상 고요하다. 출세간은 무상, 고, 무아의 지혜가 있어 평화롭다. 출세간은 자아가 없어 겉과 속이 다르지 않다.

지혜가 있으면 세속의 번잡한 일에 관심을 기울이지 않아 평온하다. 몸은 세속에 있지만 마음은 출세간을 살아야 행복하다.

336. 죽고 살기

자기 잘못을 숨기고 오히려 남의 허물을 들춰내 공격하면 두 번 죽는다. 한 번은 잘못을 저질러서 죽고 두 번째는 잘못을 감추려고 남을 공격해서 다시 죽는다. 이것이 엎친 데 덮치는 결과로 어리석음이 가중되는 과정이다.

잘못을 시인하고 남을 공격하지 않으면 두 번 살아난다. 한 번은 잘못을 시인해서 살아나고 두 번째는 남을 비난하지 않아서 다시 살아난다. 이것이 지혜가 증장되는 과정이다. 누구나 잘못할 수 있다. 허나 잘못을 시인하지 않는 것과 시인하는 것은 큰 차이가 있다.

죽고 또 죽는 것과 살고 또 사는 것은 다른 결과다. 자기 잘못을 외면하면 양심이 다시 죽는다. 자기 잘못을 솔직하게 인정하면 양심이 다시 살아난다.

옹 달 샘 **12**

불행의 원인

어리석으면 불행의 원인을 남에게 돌린다.
불행이 자아 때문에 일어난 것이라고 알아야 치유할 수 있다.
내가 만든 원인은 나만이 소멸시킬 수 있다.
다른 사람은 나의 어리석음을 치유하지 못한다.
대상을 알아차려서 생긴 무아의 지혜만이 어리석음을 치유한다.

337. 불행의 원인

불행은 어리석어서 생긴 결과다. 불행은 남이 준 것이 아니고 스스로가 판 무덤이다. 어리석으면 불행의 원인을 알지 못한다. 대상을 있는 그대로 알아차릴 때만이 불행의 원인을 안다.

불행은 어리석음으로 인해서 생긴 탐욕과 성냄의 결과다. 불행의 원인인 탐욕과 성냄과 어리석음 뒤에는 자아가 있다. 내가 있다는 생각이 어리석음 자체라서 불행의 원인을 알지 못한다.

어리석으면 불행의 원인을 남에게 돌린다. 불행이 자아 때문에 일어난 것이라고 알아야 치유할 수 있다. 내가 만든 원인은 나만이 소멸시킬 수 있다. 다른 사람은 나의 어리석음을 치유하지 못한다. 대상을 알아차려서 생긴 무아의 지혜만이 어리석음을 치유한다.

338. 궁극의 사명

인간이 어디서 무엇을 하거나 궁극의 사명은 괴로움을 해결하는 것이다. 괴로움을 해결하는 것이 최후의 승리다. 인간으로 태어나 부귀영화를 얻는 것이 승리가 아니다. 괴롭지 않은 행복을 얻는 것이 승리다.

육체적인 괴로움은 아픔과 고통이고 정신적인 괴로움은 슬픔과 비탄과 불행이다. 이러한 육체적 정신적 괴로움의 실체는 만족할 수 없는 것이다. 태어남과 늙음과 병듦과 죽음이 괴로움이다. 싫은 것과 만나고 좋은 것과 헤어지는 것이 괴로움이다.

바라는 것을 얻지 못하는 것이 괴로움이다. 몸과 마음을 가지고 사는 것 자체가 괴로움이다. 괴로움을 있는 그대로 알아차려서 지혜를 얻는 것이 괴로움에서 벗어나는 유일한 길이다.

339. 빛나는 사람

언제 어디서나 빛나는 사람이 있다. 빛나는 사람은 자기 감각기관을 알아차려서 마음이 청정하다. 감각기관을 제어하면 본능이 억제되고 도덕적이며 관용과 자애와 지혜가 있다. 지혜가 있으면 선한 사람으로 미소 지으면 산다.

선하면 자기도 행복하고 남에게도 행복을 준다. 빛나는 사람은 악의가 없어 남을 배려하고 온정이 넘친다. 언제 어디서나 어두운 사람이 있다. 어두운 사람은 자기 감각기관을 제어하지 못해 욕망으로 마음이 혼란하다.

감각기관을 제어하지 않아 청정하지 못하면 본능대로 살고 도덕적이지 못해 탐욕과 성냄과 어리석음이 있다. 어리석으면 남을 배려하지 않고 자기만 안다. 찡그린 얼굴로 살면 모두가 불행하다.

340. 용서하자

서로 용서하고 살자. 누구나 모르면서 살기는 마찬가지다. 내가 조금 더 안다고 해서 완전하게 아는 것이 아니다. 남이 모른다고 해서 완전하게 모르는 것도 아니다.

서로 이해하고 살자. 내가 이해하면 나에게 유익한 결과가 생긴다. 내가 남을 이해하는 순간 내 마음이 선해진다. 선한 마음은 선한 과보가 생겨 행복하다. 남을 이해하지 못하고 미워할 때 해로운 결과가 생긴다. 남을 미워하는 순간 내 마음이 악해진다. 악한 마음은 악한 과보가 생겨 불행하다.

서로 격려하고 살자. 인간은 나약한 존재다. 내가 남을 격려할 때 남도 힘을 얻고 나도 힘이 생긴다. 하나에 하나를 보태면 둘만 되는 것이 아니다. 열이 되고 백이 될 수 있다.

341. 먹는 재미

먹는 재미로 살지 마십시오. 먹는 재미는 감각적 욕망입니다. 필요해서 먹고 일하기 위해서 먹어야 합니다. 재미로 먹으면 욕망과 성냄과 어리석음으로 먹어 계율을 어깁니다. 계율은 위험을 막아서 보호하는 도덕입니다.

욕망으로 먹으면 배가 불러도 계속 먹어 화를 부릅니다. 동물은 살기 위해 필요한 만큼 먹습니다. 인간이 욕망으로 먹으면 동물보다 못한 존재입니다. 음식을 재미로 먹으면 자기 입맛에 맞는 것만 먹게 되어 해롭습니다.

저마다 고유한 음식 맛으로 먹어야 합니다. 음식을 먹는 재미도 있지만 절제하는 재미가 더 큽니다. 음식을 욕망으로 먹는 습성이 다른 욕망을 부추깁니다. 모든 맛 중에서 법의 맛이 으뜸입니다.

342. 내가 머물 곳

어디로 갈지 몰라 방황하지 마십시오. 내 몸과 마음으로
오십시오. 누구에게 의지할지 몰라 헤매지 마십시오. 내
몸과 마음에 의지하십시오. 어디서 쉴지 찾지 마십시오.
내 몸과 마음에서 쉬십시오.

밖에서 구하지 마십시오. 내 몸과 마음에서 구하십시오.
어떻게 결정할지 몰라 혼란할 때 내 몸과 마음을 알아차
리십시오. 몸과 마음을 알아차려서 고요해지면 지혜가 나
서 길이 보입니다. 몸과 마음을 가지고 살면서 생긴 문제
는 몸과 마음에서만 답을 찾을 수 있습니다.

괴로울 때나 즐거울 때나 덤덤할 때나 현재의 마음을
알아차린 뒤에 호흡을 알아차리십시오. 걸을 때는 오른
발 왼발의 움직임을 알아차려서 복잡한 생각을 차단하
십시오.

343. 잘못된 이유

모든 일은 이유가 있다. 잘못된 일은 잘못될 만한 이유가 있다. 잘못은 모르기 때문에 생긴 일이다. 누구나 모르고 태어나서 모르고 산다. 하지만 잘못이 있어서 잘할 수 있는 기회가 있다.

모른다고 마침표를 찍어서 제쳐놓으면 알 수 있는 기회를 상실한다. 잘못을 배척하지 말고 받아들여서 이해해야 한다. 모르면 알면 된다. 그렇게 될 만해서 된 일에는 관용이 있어야 한다. 몰라서 한 일에 관대함이 있어야 알 수 있는 기회가 생긴다.

안다고 해서 완전하게 아는 것이 아니다. 아는 것도 무수한 과정이 있다. 내가 없다는 것을 알아야 완전하게 안다. 내가 없으니 내가 소유할 것이 없다. 무아의 지혜가 날 때까지 모두 받아들여야 한다.

344. 나의 삶

남을 비난하는 사람은 세간에 발을 적시고 산다. 자기 마음이 세간의 일에 빠지면 자연히 세간에 관심이 많다. 남을 비난하는 것은 그만큼 남에게 관심이 있다는 표현이다. 출세간을 살면 세간의 일에 관심이 없어서 남을 비난하지 않는다.

출세간은 자기 몸과 마음을 알아차리는 일로 바빠서 남의 일에 관심을 갖지 못한다. 남을 비난하는 일을 즐기면 자기 삶을 살지 못한다. 남이 바른 길로 가지 않아도, 세상이 거꾸로 간다 해도 나는 오직 내 삶을 살아야 한다.

내 삶을 살려면 자기 감각기관이 감각대상과 접촉할 때마다 있는 그대로 알아차려야 한다. 있는 그대로 알아차려서 청정해야 내 삶을 산다. 나의 삶을 살 수 있어야 행복하다.

345. 현상계의 질서

모든 것은 매순간 일어났다 사라져서 무상하다. 짧은 순간에 현재가 과거가 되고 미래가 현재가 된다. 마음은 일어난 순간 사라져서 다음 마음으로 바뀐다. 태어남과 죽음도 일어난 순간에 사라진다.

동일한 순간에 두 가지 마음이 있을 수 없고 한 마음만 있다. 마음은 있지만 일어나서 사라지기 때문에 나라고 하는 실체가 없어 무아다. 모든 것이 덧없고 소유할 내가 없는데도 집착을 버리지 못하는 것이 어리석음이다.

무상을 모르는 어리석음과 내가 있다는 어리석음이 괴로움의 굴레에서 벗어나지 못하게 한다. 무상, 고, 무아는 현상계의 질서다. 현상계의 질서를 아는 것이 깨달음이다. 질서에 귀의하면 행복하고 거부하면 불행하다.

346. 거짓

거짓으로 얻은 이익은 오히려 손실이다. 거짓이 양심을 팔았기 때문이다. 양심을 팔면 부끄러움을 몰라 갈수록 더 사악해진다. 부끄러움을 모르면 수치심이 실종하여 악의 구렁텅이로 빠진다.

거짓은 남을 속이는 과보도 있지만 자신도 속이는 과보를 받아 어리석음이 더 깊어진다. 거짓으로 인해 진실과 멀어지면 행복도 멀어진다. 진실해서 잃은 손실은 오히려 이익이다. 진실이 양심을 살렸기 때문이다.

물질적인 이익을 위해 거짓에 양심을 팔아서는 안 된다. 물질적 이익은 한시적인 것이지만 정신적 이익은 시간을 초월해서 남는다. 부귀영화를 얻으려고 진실을 저버리지 마라. 부귀영화는 한시적이지만 진실은 시간의 구속을 받지 않는다.

347. 남의 말

지혜가 있는 사람은 남의 말을 그의 말로 듣는다. 남의 말을 그의 말로 듣는 사람은 상대의 말에 반응하지 않는다. 남의 말을 그의 말로 들어야 좋은 말을 하면 받아들이고 좋지 않은 말을 하면 흘려보낼 수 있다.

나와 남은 다른 사람이다. 내가 남과 다르다는 것은 나와 남이 생각과 말과 행동이 다르다는 것이다. 남이 나와 같기를 바라는 것은 내 욕망이다. 나와 남이 같은 길을 갈 때도 큰 뜻은 같아도 세부적으로는 다르기 마련이다.

대상과 하나가 되지 않고 분리해서 알아차리는 것이 위빠사나 수행이다. 남의 무지에 반응해서 화를 내면 나도 남과 다를 것이 없다. 남의 말을 그의 말로 들을 때 잘못된 말에 연민을 보낼 수 있다.

348. 나는 스승이 아닙니다

나는 사람을 만났지만 누구를 가르친 적이 없습니다. 나는 가르친 적이 없기 때문에 스승이 아닙니다. 나는 가르친 적이 없어서 아무것도 바라는 것이 없습니다. 내가 가르쳤다고 생각하면 바라는 것이 있어서 괴로운 나날을 보낼 것입니다.

단지 내가 필요해서 그간 배운 법을 남과 나누었을 뿐입니다. 법을 나눌 때 내가 완전하게 알아서 말한 것이 아닙니다. 이 법이 옳다고 생각해서 말했습니다. 나는 이런 과정을 거치면서 조금씩 더 완전한 진실을 향해 가고 있습니다.

내가 남과 나눈 법은 내 자신이 깨어나기 위한 노력입니다. 내가 말한 법은 그렇게 되고자 하는 희망을 말한 것입니다. 내가 그렇게 살고 있어서 말한 것이 아닙니다.

349. 괴로움은 인생의 빛나는 훈장이다

괴로움을 피하지 마라. 괴로움은 쓰디쓰나 인생의 진실을 알게 하는 영약이다. 괴로움이 있어서 참다운 즐거움이 무엇인지 안다. 괴로움은 원인이 있어서 생긴 결과다. 괴로움을 있는 그대로 알아차리면 괴로움의 원인을 알 수 있는 기회가 생긴다.

괴롭기 때문에 괴로움의 원인을 알아서 개선할 수 있다. 괴로움의 속박에서 벗어나지 못하는 것은 괴로움을 외면하기 때문이다. 괴롭지 않으려는 것은 자기 행동에 대해 책임을 지지 않으려는 것이다.

괴로움을 훈장으로 삼자. 괴로움을 알아차리면 괴로움이 어리석음과 욕망 때문이라는 것을 아는 지혜가 난다. 괴로움을 인생의 빛나는 훈장으로 바꾸려면 괴로움을 있는 그대로 알아차려야 한다.

350. 사는 방법

모든 사람은 저마다 사는 방법이 다르다. 세상 사람의 숫자만큼 사는 방법도 다르다. 지혜가 있는 사람은 관용으로 산다. 어리석은 사람은 탐욕으로 산다. 지혜가 있는 사람은 집착을 하지 않아 즐겁게 산다. 어리석은 사람은 집착을 해서 괴롭게 산다.

바르게 사는 방법을 알면 갈수록 더 좋아진다. 바르게 사는 방법을 모르면 갈수록 더 나빠진다. 지혜는 아는 마음이라 번뇌를 끊는다. 어리석음은 모르는 마음이라 번뇌를 움켜쥔다. 사는 방법이 다른 것은 업이 다르기 때문이다.

업이 달라 마음이 다르고 사는 방법이 다르다. 삶이 다른 것이 불평등한 것이 아니다. 자기가 한 행위에 대한 과보를 받아서 다르게 사는 것이 공평한 일이다.

351. 이유는 생각이다

모든 일은 이유가 있다. 이유는 생각에서 나온다. 생각은 과거의 생각이 현재로 이어진 결과다. 과거의 생각이 현재의 생각이 되어 행위를 해서 업을 만든다. 생각은 과거의 원인으로 인해서 생긴 현재의 결과다.

모든 이유는 생각이고 생각은 업의 결과다. 업의 결과가 원인이 되어 되풀이 되는 것이 윤회다. 생각을 정화하려면 생각하는 것을 알아차려야 한다. 선한 생각은 알아차려서 생긴 지혜로부터 나온다. 선하지 못한 생각은 알아차리지 못한 어리석음으로부터 나온다.

알고 시작하면 선한 행위를 한다. 모르고 시작하면 악한 행위를 한다. 알고 하는 일은 괴로움이 소멸한 자유가 있다. 모르고 하는 일은 괴로움뿐인 윤회가 따른다.

352. 중도의 고요함이 법을 본다

어떻다고 판단하지 말고 있는 그대로 알아차려라. 무조건 옳다거나 그르다고 하지마라. 좋고 싫다고 하지마라. 예쁘고 밉다고 하지마라. 많고 적다고 하지마라. 늦고 빠르다고 하지마라. 모든 판단을 유예하고 먼저 있는 그대로 알아차려라.

내 기준은 객관적이지 못하다. 객관적이지 못하면 대상의 진실을 알지 못한다. 내 기준은 선입관이다. 선입관이 눈을 가리면 진실을 왜곡한다. 있는 그대로 알아차려서 대상과 아는 마음이 분리되어야 흥분하지 않는다.

흥분하지 않고 보면 고요해서 대상의 성품을 알 수 있다. 마음이 고요할 때 일어나고 사라지는 무상의 법을 본다. 모든 현상이 무상하다고 알아야 비로소 있는 그대로 알아차린 것이다.

353. 무상(無常)의 지혜

시작이 있으면 끝이 있다. 일어난 것은 사라진다. 시작과 끝이 있고 일어나고 사라지는 것이 무상이다. 모든 것들은 변한다. 사물의 궁극의 이치는 무상이다. 오직 변한다는 것만 변하지 않는다.

밖에 있는 대상에서 일어나고 사라지는 것을 아는 것으로는 무상의 진리를 알지 못한다. 밖에 있는 대상을 볼 때는 내가 본다는 견해로 안다. 자아를 가지고 아는 무상은 완전하지 않다. 자기 몸과 마음을 알아차려서 내가 없는 상태에서 무상을 알아야 무상의 진리가 완성된다.

내가 있다는 생각은 자기 정체성을 가진 것이라서 변화를 두려워한다. 낙엽이 지는 것을 무상으로 알 때는 감상적으로 받아들이는 것이라서 무상의 통찰지혜가 아니다.

354. 인생은 과정이다

세상에는 안타까운 일도 있고 억울한 일도 있다. 작은 실수가 회복하기 어려운 불행이 되기도 하고, 뜻하지 않은 오해로 억울하게 궁지에 몰릴 수 있다. 나쁜 짓을 하고 버젓이 잘 살고, 좋은 일을 하고 비참한 고통에 시달린다.

하늘의 뜻이라고 하기에는 불공평하고, 우연이라고 하기에는 가혹하다. 윤회하는 생명은 현재의 결과 하나만 가지고 전부라고 판단해서는 안 된다. 그간 알 수 없는 세월동안 무수한 원인이 있었기 때문에 업의 적용범위는 알 수 없다.

모든 일은 수많은 조건에 의해 생긴 원인과 결과만 있을 뿐이다. 인생은 끊임없이 되풀이 되는 과정의 연속이다. 인간의 삶은 불행이 행복이 될 수 있고 행복이 불행이 될 수 있다.

355. 행복의 조건

행복은 고요함이다. 감각적 욕망에 사로잡히면 고요하지 않다. 대상을 있는 그대로 알아차려서 청정할 때 고요함이 온다. 행복은 절제다. 하고 싶은 것을 해서 온갖 것을 끌어안아 몸과 마음이 누더기가 되면 행복할 수 없다.

행복은 모르는 사이에 온다. 행복이라고 알면 집착해서 욕망의 늪에 빠진다. 행복이라고 느끼는 순간 이미 행복이 아니다. 행복은 현재에 있다. 과거를 후회하고 미래를 두려워하면 불안해서 행복할 수 없다.

행복은 감사함이다. 사소한 일에도 감사할 줄 알아야 마음이 충만하다. 행복은 지혜다. 어리석으면 내가 있어 탐욕과 성냄으로 편한 날이 없다. 지혜가 있으면 내가 없어 관용과 자애로 지고의 행복을 얻는다.

356. 어디서 무엇이 되어 만나려고 하는가?

태어남은 만남의 시작이다. 모든 만남은 항상 위험이 따른다. 만남에는 즐거움과 괴로움이 있지만 결국에는 괴로움으로 끝난다. 만나면 헤어져야 하는 괴로움이 있다. 태어나서 늙고 병들어 죽는 것이 괴로움이다.

인간이 먹고 입고 자는 것이 결코 쉬운 일이 아니다. 잘살기 위해 노력해도 성공하기 어렵다. 좌절과 분노와 슬픔과 비탄에 비해 기쁨은 크지 않다. 한 가닥 실낱같은 희망에 매달려 살지만 어떤 불행이 닥칠지 아무도 모른다.

사는 것이 괴로움인지 몰라 다시 태어나려고 한다. 무엇이나 좋아하고 싫어하지 마라. 좋아하고 싫어하는 것을 집착해서 다시 태어난다. 사는 것이 모두 괴로움인데 어디서 무엇이 되어 만나려고 하는가?

357. 인간의 길

인간의 바른 길이란 내 몸과 마음을 알아차려서 청정해지는 것이다. 내가 의지할 곳은 오직 내 몸과 마음 밖에 없다. 내 몸과 마음을 알아차리는 일보다 더 위대한 가르침은 없다. 이 길이 궁극의 행복에 이르게 한다.

내가 없는 세상은 없다. 내가 바뀌어야 세상이 바뀐다. 고뇌 없이 바른 길을 갈 수 없다. 세상이 혐오스러워도 내 길을 가야한다. 사소한 이해에 매달려 마음이 흔들리면 내 길을 가지 못한다. 바르지 못한 사람이 길을 막아도 혼자서 가야한다.

세상의 일에 분노하면 내 길을 갈 수 없다. 남이 길을 막는다고 맞서 싸우면 내 길을 갈 수 없다. 바른 길을 가려면 남의 허물을 비난하지 말고 자기 성찰의 등불로 삼아야 한다.

358. 아, 어렵다!

법을 들을 때 어렵다고 말하지 마십시오. 법은 단지 알아
차릴 대상입니다. 대상은 있는 그대로 알아차려야 합니
다. 선입관을 가지고 들으면 진실을 이해하기 어렵습니
다. 뜻을 모르더라도 그냥 들어야 합니다. 듣다보면 조금
씩 진실을 이해하게 됩니다.

경험하지 않은 정신세계는 동굴탐험과 같습니다. 처음부
터 진실을 알기 어렵습니다. '아! 어렵다'고 반응하면 자
기 견해를 가지고 장벽을 치는 것입니다. 법을 듣는 것 하
나에도 탐욕과 성냄과 어리석음으로 반응합니다.

듣는 자세가 바로 자기 성향입니다. 무엇이나 있는 그대
로 들을 때 차츰 지성이 열려 진실을 알 수 있습니다. 법
을 알려면 내 기준이 아닌 법의 기준에 맞추어야 합니다.

359. 선과 악

선은 지혜로운 길이고 악은 어리석은 길이다. 지혜로우면 선을 좋아하고 어리석으면 악을 좋아한다. 악이 선을 이기지 못한다. 선은 얻으면 만족해 행복하고 악은 얻어도 만족하지 못해 불행하다.

선은 선업의 과보를 받아 건강하고 장수한다. 악은 악업의 과보를 받아 병이 많고 건강이 나쁘며 수명이 짧다. 선업이 많으면 평판이 좋고 남의 도움을 받아 즐겁고 지위를 얻어도 결과가 좋게 끝난다. 악업이 많으면 평판이 나쁘고 시기질투를 받아 괴롭고 지위를 얻어도 결과가 나쁘게 끝난다.

선업이 많으면 살아서도 즐겁고 죽을 때도 즐겁게 죽어 다음 생이 좋다. 악업이 많으면 살아서도 괴롭고 죽을 때도 괴롭게 죽어 다음 생이 나쁘다.

360. 나의 성향이 남의 성향이다

내가 가지고 있는 성향은 남도 가지고 있다. 내 성향은 보지 않고 남의 성향만 보면 눈먼 자다. 내 성향은 보지 않고 남의 성향만 보면 남에 대해 비판적이다. 내 성향을 알면 남의 성향에 관대하다. 내가 그럴 때는 남도 그렇다.

누구나 이해에 얽매어 산다. 이익과 손해에 얽매어 사는 것을 알면 나나 남의 행동에 대해 걸림이 없다. 모든 만남과 헤어짐은 이해에 얽매어있다. 서로 이익이 있어서 만나고 이익이 없으면 헤어진다.

어떤 만남과 헤어짐이 있어도 미련을 갖지 마라. 남이 말없이 떠났듯이 나도 말없이 떠났다. 이익과 손해를 떠나 살 수 없는 현실을 받아들여야 나를 떠난 사람으로 인해 괴롭지 않다. 인간은 자기 길을 간다.

361. 바른 인간

한번밖에 살지 못하는 인생을 허투루 살아서는 안 된다.
욕심을 부리고 화를 내는 어리석은 습관으로 살면 바른
인간이 되지 못한다. 선한 습관을 길들이려면 대상을 있
는 그대로 알아차려야 한다. 감각기관의 문을 지키는 알
아차림이 있으면 청정한 삶을 살 수 있다.

인간은 저마다 자기 목표를 가지고 산다. 더 좋은 인간이
되기 위해서 살고, 더 나쁜 인간이 되기 위해서 살고, 그
저 그런 인간이 되기 위해서 산다.

대상을 있는 그대로 알아차려서 더 좋은 인간이 되면 후
회와 두려움이 없고 즐겁다. 괴로움을 주는 후회와 두려
움이 없을 때 행복하다. 이미 지나간 과거에 매달려 후회
하고 아직 오지 않은 미래를 두려워하면 행복할 수 없다.

362. 현상계의 질서

내가 어디서 온 것이 아니다. 과거로부터 현재로 왔다. 내가 어디로 가는 것이 아니다. 현재로부터 미래로 간다. 이렇게 와서 이렇게 간다. 모든 현상은 조건에 의해 과거 현재 미래가 지속되어 무상하다.

오고 감에 내가 있어서 마음대로 할 수 있는 것이 아니다. 원인과 결과에 의해 일어나고 사라지는 현상이 지속된다. 일어나고 사라지는 연속적 현상의 과정에 인간의 몸과 마음이 있다.

몸과 마음은 매순간 변해서 실체가 없다. 마음은 있지만 이렇게 오도록 하고 이렇게 가도록 하는 주체가 없어 무아다. 조건이 성숙되어 일어나고 사라지는 것이 현상계의 질서다. 무상과 무아의 질서를 알면 자유를 얻고, 모르면 윤회의 사슬에 얽매인다.

363. 낮추십시오

나를 낮추십시오. 낮추었으면 더 낮추십시오. 낮추는 마음은 빛납니다. 낮출수록 더 높은 자리에 있습니다. 겸손한 마음은 고결합니다. 비굴하게 낮추지 마십시오. 잇속이 있어서 낮추지 마십시오. 자애가 충만한 마음이 우러나서 낮추십시오.

낮추면 조금씩 무아의 진리를 향해서 갑니다. 낮추면 욕망의 불이 꺼져 편안합니다. 내가 누구라고 하는 순간 천박해집니다. 나를 높일수록 낮은 자리로 떨어져 허약해집니다. 향기 중에 무아의 향기가 으뜸입니다.

내가 있으면 이기심이 마음을 흐리게 하여 괴롭습니다. 낮은 자리에 서면 안개가 걷혀 진실이 보입니다. 내가 없는 것을 두려워하지 마십시오. 내가 없으면 허망한 세상에서 벗어납니다.

364. 만남과 헤어짐

인간은 만나고 헤어지기 위해 산다. 만나면 헤어질 준비를 해야 한다. 만나고 헤어지는 것은 여러 가지 원인이 있어서 내 마음대로 되지 않는다. 만남과 헤어짐은 업의 법칙이다. 과거에 서로 좋아하고 미워한 행위의 과보로 끌어당겨서 만나고 밀어내서 헤어진다.

만남과 헤어짐은 자연의 법칙이다. 자연재해로 인한 영향과 계절의 변화가 생명을 좌우한다. 모든 생명은 태어나면 반드시 죽는 것이 현상계의 질서다.

만남과 헤어짐은 마음의 법칙이다. 마음은 매순간 일어나고 사라지면서 끊임없이 변한다. 마음은 좋아서 만나는 것을 집착하고 싫어서 헤어지는 것을 집착하는 양면성이 있다. 마음은 만나는 것과 헤어지는 것을 다 좋아한다.

365. 자유

대상을 있는 그대로 알아차리면 마음이 고요하다. 적당히 알아차리면 적당히 고요하다. 적당히 고요하면 괴로움이 남는다. 티끌까지 정화되지 않으면 티끌이 불씨가 되어 괴로움이 더 거세진다.

마음이 고요하면 법을 꿰뚫는 통찰지혜가 나 어리석음과 욕망이 소멸하여 청정하다. 청정해진 자리에 자유가 있다. 조금 소멸하면 조금 청정해진다. 조금 청정하면 조금의 자유밖에 없다.

알아차리지 못하면 마음이 오염된다. 마음이 오염된 자리에 괴로움이 있다. 괴로움이 자유를 속박한다. 속박이 나를 병들게 하고 가정과 사회를 병들게 하고 인류를 병들게 한다. 나의 자유는 내 자유로 그치지 않는다. 자유는 인간의 행복이며 인류의 평화다.

위빠사나문고 **옹달샘 9**

홀로 사는 나무

2018년 1월 10일 1판 1쇄 인쇄
2018년 1월 16일 1판 1쇄 발행

지은이 | 묘원
펴낸이 | 곽준
디자인 | (주)아이나래(010-5399-8944)

펴낸곳 | (주)도서출판 행복한 숲
등 록 | 2004년 2월 10일 제16-3243호
주 소 | 서울시 강남구 논현동 98-12 청호불교문화원 나동 306호
전 화 | 02-512-5255, 512-5258
팩 스 | 02-512-5856
이메일 | sukha5255@hanmail.net
카 페 | cafe.daum.net/vipassanacenter

ⓒ묘원, 2018

ISBN 978-89-93613-47-6
값 10,000원